Jörg Talanow

Kiel - so wie es war

Jörg Talanow

KIEL

so wie es war

Droste Verlag

2. Auflage 1978
3. Auflage 1980
4. Auflage 1993

Redaktion und Layout: Kitty Rehmer

Gesamtherstellung: L. N. Schaffrath, Geldern
ISBN 3-7700-0429-9

Der alte Markt um 1890 – einst Schauplatz des öffentlichen Lebens, Richtstätte, Versammlungsstätte, Wirtschaftszentrum und Wochenmarkt bis 1903. Seitdem wird Wochenmarkt auf dem Exerzierplatz und Jahrmarkt auf dem Wilhelmplatz abgehalten. Ecke Markt/Dänische Straße (rechts) stand bis 1900 der alte Tanzsaal

Das 20. Jahrhundert begann die sonst lebhafte Marinestadt ruhig und ohne großen Prunk oder Pomp. Kurz nach den Turmuhrschlägen, mit denen die Glocken von St. Nikolai das Jahr 1900 ankündigten, erklangen von der alten Hauptpfarrkirche herab festliche Choräle. Gedämpfte Fröhlichkeit, keine wie sonst bei Neujahrsbeginn üblichen Hurrarufe. Geradezu nüchtern berichtete die Kieler Zeitung tags darauf von der Neujahrsfeier: ohne Schlagzeilen und noch ohne Bilder. Ganz nüchtern waren die aktuellen Tagesthemen zu lesen: Deutschlands Handel und Gewerbe im Jahre 1899, die Neujahrsfeier bei Hofe, der Krieg in Südafrika, Neues von der Flotte und über die Sozialdemokratie. Die Ruhe war verständlich: Immerhin wünschte man sich einen friedlichen »Rutsch« ins neue Jahr; denn manchem saß die Erinnerung an den Deutsch-Französischen Krieg von 1870/71 noch höchst lebendig im Gedächtnis ... außerdem rüstete der Kaiser auf, was nicht nur die fremden Regierungen mit Sorge beobachteten.

Der Januar war für die Kieler Umschlagzeit. Schon seit dem 15. Jahrhundert, jährlich zwischen dem 6. Januar und dem 2. Februar, freute sich alles auf das Volksfest, das für Kaufleute allerdings ein Geldumschlagmarkt und somit hartes Geschäft bedeutete. Als Zeichen der Marktfreiheit hing während der Umschlagtage eine rote Blechfahne vom Nikolaikirchturm, vom Volksmund lässig »den Börgermeister sin Büx« genannt. Der Umschlag spielte sich im 20. Jahrhundert anders als in vergangenen Zeiten ab. Im Mittelalter boten die Landstraßen ein farbenfrohes Bild, wenn endlose Scharen von Kaufleuten mit Troß, Schalknarren und fahrendem Volk nach Kiel reisten. Kaum waren sie vor den Toren der Stadt angekommen, ertönte zur Begrüßung von der Stadtseite her Horngeblase, und nach dem Öffnen der Tore quoll ein unendlicher Menschenschwarm den vielen Fremden, den Kaufleuten, Fahrenden, Männern, Frauen, Kindern und Jahrmarktsgauklern entgegen. Scherz- und Volkslieder wurden gesungen, Sang und Klang, Pauken und Trompeten ertönten. Ein echter Jahrmarktstrubel erfüllte die damals noch kleine Fördestadt.

Beim Geldumschlag war für manchen das Geld allerdings Nebensache. Gut Essen, gut Trinken, dies schien für Feierfreudige die Hauptsache gewesen zu sein. Manch einer nahm diesen Leitsatz anscheinend derart ernst, daß er gleich Haus und Hof vertrank oder gerade erworbenes Geld sofort beim Spielen umsetzte.

»Den Börgermeister sin Büx«, eine Blechfahne, hing bis 1911 während der Umschlagzeit als Zeichen der Marktfreiheit vom Turm der Nikolaikirche

Diese Ausgelassenheit und den deftigen Humor beim Umschlag kannte man im neuen Jahrhundert nicht mehr. Er wurde ruhiger, zumal weniger Gäste nach Kiel kamen. Sie wählten für die Abwicklung ihrer Geldgeschäfte den neuen, billigeren Weg über die Bank oder die Post.
Der Umschlag hörte auf, das zu sein, was er einmal war: ein Volksfest. Der Jahrmarkt blieb zwar, aber die eigentliche Messe verlief ohne die Beteiligung der Bürger. »Man hätte vielleicht am besten gethan, dem schon am Schluß des vorigen Jahrhunderts immer lahmer gewordenen Kieler Umschlag zur Säkularfeier den Gnadenstoß zu geben«, spottete die Kieler Zeitung am 9. Januar 1900. In den Folgejahren zogen es einige Markthändler vor, ihre Zelte und Buden gar nicht erst aufzuschlagen. Wenige Jahre später schlief der Umschlag dann ganz unauffällig ein. Erst 1975 bemühte sich die Kieler Stadtverwaltung gemeinsam mit der Fördergemeinschaft »Lebendiges Kiel e.V.«, den alten Umschlagmarkt als Volksfest neu zu beleben.
Festlichkeiten jeder Art brauchten nicht bekanntgemacht zu werden; entweder sprachen sie sich wie ein Lauffeuer im alten Kiel herum oder man kannte sie bereits als angenehme Gewohnheit. Der wohl traditionellste Feiertag, der jährlich Ende Januar begangen wurde, war der Siebenundzwanzigste: Kaisers Geburtstag! Schulaufführungen, turnerische Vorführungen, Konzerte, Umzüge, humoristische Veranstaltungen,

Der Bootshafen um die Jahrhundertwende. Links das Varietétheater »Reichshallen« ▷

Kommers und Bälle in den vielbesuchten Etablissements galten Seiner Majestät zu Ehren. Wurde einmal nicht »offiziell« gefeiert, amüsierten sich die Kieler in den Vergnügungsrestaurants. Da war zum Beispiel Wriedt's Etablissement am Sophienblatt, das durch Konzerte und Vortragsabende seine Freunde fand. Besonderes Interesse fanden Lichtbildervorträge über die kaiserlichen Reisen und ferne Länder.
Wesentlich ausgelassener zeigte sich die Stimmung in der Zauberflöte (Schuhmacherstraße) mit Ballettnummern, Humoristen oder Zauberparodisten. Nach beendeter Vorstellung gab es anhaltenden Beifall und ein kräftiges Hoch auf das deutsche Volk. In ihren Werbeanzeigen vergaßen viele Tanzrestaurants nicht, auf »eigenes elektrisches Licht« hinzuweisen – immerhin ein Aushängeschild für Exklusivität. Jeder wollte die große Anzahl der Konkurrenten, so gut es ging, ausstechen. Alle garantierten sie fröhliche Stunden, Unterhaltung oder »rauschende« Ballnächte: das Elysium (Brunswiker Straße), das Concordia (Lübecker Chaussee 4), der Schloßhof in der Holtenauer Straße, das Colosseum (Exerzierplatz), Krusenrott, Flora (Eckernförder Straße) oder die Waldwiese. Bei Bällen genossen Damen (oft neben einer Gratisportion Speiseeis) noch reichlich verbilligten Eintritt, Herren als Lehrlinge keinen und Militär oft erst vom Unteroffizier an aufwärts Zutritt. Viele Bälle bekamen einen militärischen Anstrich; nicht nur durch das in Scharen erschienene Militär, sondern häufig auch durch Programm und forsche Militärkonzerte.
Als zugkräftigster Kassenfüller erwies sich vor und nach der Jahrhundertwende ein Filmtheater. Kiel bekam zwar erst um 1910 seine ersten richtigen Kinos; zuvor sorgten wandernde Schausteller mit ihren mobilen Theatern und der neuartigen Attraktion, den »laufenden Bildern«, für volle Häuser. Das Schönste an der ganzen Sache war, daß die Vorführungen »rein mechanisch« und gänzlich ohne jede Theaterszene vonstatten gingen. Die am Bootshafen gelegenen »Reichshallen«, seit September 1913 zum richtigen Kintopp umgebaut, warben bereits unmittelbar im neuen Jahrhundert mit »elektrischen Kolossalbildern«. Jeder wollte die bahnbrechende Neuigkeit einmal gesehen haben, und der »Kinematograph« schien eine Marktlücke zu sein, die von den Kieler Geschäftsleuten nur noch gestopft werden sollte. Bald übertrafen sie sich gegenseitig mit der Einrichtung eines Kinos. Das Publikumsecho allerdings schien nicht immer einheitlich. Die einen machten die Kinowelle freudig mit, die anderen kritisierten sie als Jugendgefährdung oder werteten die ganze Palette von Lichtspieltheatern als niveaulos ab. Immerhin wurden schauspielerische und künstlerische Leistungen ja nur auf Zelluloid und nicht in natura geboten.

Die Holtenauer Straße mit dem Etablissement »Zum Schloßhof« (gegenüber der Steinstraße) ▷

ETABLISSEMENT zum
„Schlosshof"
SCHAFT

Genauso wie bei Festen, Feiern und Unterhaltung das Neue seinen Weg suchte, forderte der Fortschritt von der werdenden Großstadt Kiel großzügige Erweiterungen und damit Opfer im Stadtbild.

Als Reichskriegshafenstadt wuchs Kiels Einwohnerzahl ständig; Wohnungen und Geschäftshäuser zogen sich weiter nach Süden hin, so daß sich die Innenstadt zum Sophienblatt hin ausweitete. Dabei wurde der alte Bahnhof an der Klinke (auf dem Gelände der heutigen Hauptpost) mehr und mehr in die Innenstadt und die inzwischen dichte Bebauung gerückt. Kein sehr glücklicher Zustand; denn Lärm und Qualm der anbrausenden Lokomotiven empfand man als unangenehm. Außerdem genügte der alte Bahnhof den modernen Verkehrsanforderungen nicht mehr: Durch die Streckenerweiterungen nach Lübeck und Flensburg platzte er beinahe aus den Nähten, und für die Großstadt Kiel war er zu klein. Also mußte ein neuer Bahnhof her.

Verschiedene Entwürfe kamen zur Vorlage, die für eine Menge Diskussionsstoff bei Stadtvätern und Bahnverwaltung sorgten. Ein Plan sah zum Beispiel vor, den neuen Bahnhof nur wenig neben seiner damaligen Stelle neu zu errichten. Er scheiterte an der Besorgnis, daß das sich nach dem Süden ausbreitende Kiel durch die Bahn vom Hafen getrennt würde und so wirtschaftliche Nachteile erleiden könnte. Ein Ingenieur hätte den neuen Bau am liebsten am Schreventeich, zwischen Klopstock- und Humboldtstraße, errichtet, ein anderer südlich des St.-Jürgens-Friedhofes. Als salomonisch hingegen

Bootshafen und Wall um 1906. Gut erkennbar ist bei der Zufahrt zur Pfaffenstraße in der Bildmitte (heute Eggerstedtstraße) die parallel zum Wall verlaufende Torstraße; weiter nördlich hieß sie »Hinter der Mauer« und »Zum Kuhfelde«

Der neue Bahnhof konnte im westlichen Teil 1899, im östlichen 1900 eingeweiht werden

empfand man den 1895 von Baurat Schwarz (von der Eisenbahnbau-Inspektion zu Altona) gelieferten Vorschlag, das Projekt zwischen Ring- und Lerchenstraße zu realisieren. Zunächst sollte der neue Bahnhof nur an seinem westlichen Teil ausgebaut werden, da während der Bauarbeiten der Eisenbahnverkehr zum alten Bahnhof über das Gebiet des im Bau befindlichen führen mußte. Erst nach der Eröffnung des westlichen Teils am 31. Mai 1899 konnten die Verbindungsgleise zum alten Bahnhof aus dem Boden gerissen und der östliche Bauabschnitt begonnen werden. Zur feierlichen Einweihung des noch halbfertigen Bahnhofs reiste Seine Majestät mit Gemahlin und Kronprinz abends gegen 20.30 Uhr von Berlin extra nach Kiel. Der Sonderzug SM war einer der letzten Züge, die noch in den alten Bahnhof eingelaufen sind. Schon ein halbes Jahr später, im Januar 1900, konnte der Mittelbau auf dem Gelände der früheren Durchgangsgleise errichtet und auch der östliche Teil seinen Bestimmungen übergeben werden.

Noch zweimal sollte sich das neue Bahnhofsgebiet im kommenden Jahrzehnt ändern: einmal durch den Abbruch der St.-Jürgens-Kapelle, die durch die St.-Jürgens-Kirche Ersatz fand, zum anderen 1909 durch das Niederreißen des Kieler Stadtklosters zugunsten der Bahnhofserweiterung. Es konnte am Schützenpark in der Harmsstraße ein neues, wesentlich größeres Heim beziehen.

Die Verlegung des Bahnhofes wurde schnell spürbar. Der Personen- und Wagenverkehr nahm am Sophienblatt in einer Weise zu wie wohl selten zuvor in einer anderen Straße der Stadt. Grund genug für eine Reihe von Geschäftsleuten, ihr Augenmerk auf diese neu erschlossene Gegend zu richten und sich dort anzusiedeln.

Das alte Stadtkloster (um 1905) wurde 1821/22 aus dem Vermächtnis der Kielerin Henriette Friederika von Ellendsheim (gestorben 1808) zur Vereinigung von vier Kieler Armenhäusern gebaut. Es verschwand zugunsten der Bahnhofserweiterung 1909

Zum ehemaligen St.-Jürgens-Kloster, einem Heim für Aussätzige im Mittelalter, gehörte die St.-Jürgens-Kapelle. Sie lag gegenüber der Einmündung der Ringstraße (rechts) in das Sophienblatt und wurde im Frühjahr 1902 durch die neue St.-Jürgens-Kirche ersetzt. Links ein Flügel des alten Stadtklosters

Die 1904 eingeweihe St.-Jürgens-Kirche am Sophienblatt wurde am 5. April 1945 durch drei schwere Sprengbomben zur Ruine

Das gesamte Sophienblatt wurde außer dem Bahnhof vor allem von der markanten St.-Jürgens-Kirche beherrscht. 1902 hatte man mit ihrem Bau begonnen, nachdem im April die kleine St.-Jürgens-Kapelle abgetragen worden war. Zweieinhalb Jahre später feierten die Gemeindemitglieder der neuen südlichen Innenstadt die Einweihung ihres Gotteshauses. Am 11. November 1904 versammelten sie sich vormittags um elf Uhr in großer Zahl vor der neuen Kirche, die nach Meinung der Kieler Zeitung zwar beachtenswert, aber »kein imposanter Dombau« war.

Kiel entwuchs nicht nur städtebaulich, sondern schon einige Zeit vor der Jahrhundertwende auch verkehrsmäßig den Kinderschuhen. Damals, im Sommer 1881, gab es ein gewaltiges Hallo, als nicht gerade ansehnliche, klobige Wagen mit einem oder zwei lebenden »PS« Fahrgäste durch die Stadt zogen. Überall blieben die Leute stehen, den Mund sperrangelweit offen und starrten den wackelnden Beförderungskästen der Kieler Straßen-Eisenbahngesellschaft nach, die nicht viel schneller als ein Fußgänger vorwärts kamen. Bald aber lernten die Kieler das neue Verkehrsmittel schätzen; mehr und mehr stiegen ein, warfen vorne beim meist schnurrbärtigen Wagenführer das Fahrgeld in einen Zahlkasten und ließen sich durch die Innenstadt ziehen. Einen Schaffner – oder wie man damals sagte: einen Kondukteur – gab es nicht. Komplikationen häuften sich beim Geldeinwerfen wegen Wechselgeldmangels. Zwei Linien wurden unterhalten: die Linie Rondeel–Holtenauer Straße bis Meltz (einem Sommerlokal kurz hinter dem Zusammentreffen mit dem Knooper Weg) und die Linie von der »Börse« (am Eingang des Walls) bis nach Düsternbrook. Letztere wurde von zwei Pferden gezogen, während die Innenstadtlinie nur ein Roß vorgespannt bekam. Erich von Bremen schrieb 1950 in den »Mitteilungen der Ges. f. Kieler Stadtgeschichte«: »Nur zur Überwindung der Steigung der Muhliusstraße wurde ein zweites Pferd vorgespannt, das aber nicht, wie einmal ein Bild aus Amerika zeigte, so dressiert war, daß es für die Rückfahrt den Berg hinunter sich auf den Hinterperron des entgegenkommenden Wagens stellte.«

Die Wagen, vorne und hinten offen, konnten ohne Bedenken auch von der linken Seite bestiegen werden; denn der wenige Verkehr stand vor der Jahrhundertwende noch nicht im Zeichen des Tempos.
Bald kosteten rund zweitausend Personen die neue Errungenschaft täglich aus; 1894 zählte man schon viertausend! Grund genug, Kiels Straßenbahnwesen gründlich zu modernisieren. Es wurde 1896 auf Strom umgestellt, wobei die AEG in einem Abkommen der Stadt zusicherte, für Anlage und Betrieb der »Elektrischen« Sorge zu tragen.
Kaum verließ das neue Gefährt sein Depot, begann das ganze Theater wieder von vorne: Niemand wollte in solch ein Teufelsfahrzeug einsteigen, das in rasender Geschwindigkeit durch Kiels Straßen brauste. Also bestaunte jeder das corpus delicti und hielt sich respektvoll von ihm entfernt . . . bis die argen Verkehrsbedürfnisse jedoch viele dazu zwangen, Selbstüberwindung zu üben. Den Anfang machten die »Mutigsten«. Sie kletterten auf, und alle anderen folgten mit Stolz über ihre Kühnheit. Fast zur gleichen Zeit, als die erste Elektrische durch Kiel schaukelte, ging der Betrieb an die »Allgemeine Lokal- und Straßenbahngesellschaft, Berlin« über. Die alten Pferdebahnwagen begleiteten ihre modernen Nachfolgerinnen noch lange Jahre als Anhängewagen.

Die 1881 eröffnete Pferdebahnlinie wurde 1896 von der elektrischen Straßenbahn abgelöst (Abb. unten)

Die meisten der rund zwölftausend Fahrgäste, die sich schon 1896 in nicht weniger als neununddreißig Trieb- und achtzehn Beiwagen kutschieren ließen, kamen an dem Zentrum der Altstadt vorbei: dem Alten Markt, dem nach der Jahrhundertwende vorwiegend Kauf- und Bürohäuser das Gepräge gaben.

Bis Ende 1902 war er das, was sein Name versprach: ein Marktplatz. Hier boten Händler auf dem Wochenmarkt ihre Waren feil, hier freuten sich die Kinder auf die Leckereien beim Weihnachts- und Jahrmarkt. Die Marktverkäufer kamen nicht mit komfortablen Wagen vorgefahren, sondern schoben Blockwagen und Stoßkarren, die sie in der Falckstraße neben der Konditorei von Flamme (Ecke Dänische Straße) abstellten. Auf dem Marktplatz selbst bauten sie dann ihre mitgebrachten Kisten und Körbe mit Obst und Gemüse auf einfachen Tischen auf. 1903 kam der Wochenmarkt auf den wesentlich größeren Exerzierplatz. Verschwunden ist er dort – trotz Kaufhäuser – noch heute nicht.

Zur gleichen Zeit verlor der alte Marktplatz, ja die ganze Innenstadt viel von ihrer ursprünglichen Bedeutung. Vielleicht war es die Einrichtung zur Reichskriegshafenstadt, vielleicht der technische Fortschritt, vielleicht aber auch der gewolltmoderne Zeitgeist der Kieler, der sie permanent dazu trieb, ihr Stadtbild neu zu gestalten. Die Neugestaltung steigerte sich zum Bedauern vieler Bürger oft in eine teilweise rücksichtslose Zerstörung von Alt- und Innenstadt. Zerstörung nicht etwa im Sinne einer mutwilligen Demontage, sondern eher im ständigen Beseitigen von Bau- und Kulturdenkmälern. Daß das Abreißen von Häusern oft ins Groteske umschlug, spürten viele Bürger schon um 1900. Sie bedauerten zwar Abbruch über Abbruch, dennoch, man zerstückelte die Altstadt aber immer weiter. Heftig diskutierten die Stadtkollegien am 1. Dezember 1900 das Niederlegen des Hauses Markt 20. Es reihte sich unmittelbar südlich an die »Persianischen Häuser« und zog interessierte Blicke besonders durch geschnitzte Balken und einen Schwibbogen, der zur Kirche durchführte, auf sich. Markt 20 zählte zu den Alt-Kieler Häusern. Es mußte einer Verkehrsschneise weichen, die zwischen der Nikolaikirche und dem späteren Kaufhaus Karstadt eingefräst werden sollte. Viele Stadtverordnete konnten sich gerade bei Markt 20 nicht mit Abbruchplänen anfreunden, stimmten weder dafür noch dagegen, bis Dr. Ahlmann den Vorschlag machte, das Haus zwar abzubrechen, es aber wenigstens fotografisch festzuhalten. Diese Lösung wurde gutgeheißen, so grotesk sie die Heimatfreunde auch finden mochten. Markt 20 verschwand im Juli 1901 zum Bedauern vieler. Die benachbarten Häuser wichen in der Folgezeit – ebenfalls unter ergebnislosem Protest.

Der Marktplatz sollte sich bald noch weiter verändern: Schonungslos wurde mit der Nordseite umgesprungen. Anstelle von Markt 13 und 14, Ecke Schloßstraße, ließen die Kieler das Löwenbräugebäude und Café Uhlmann entstehen. Ecke Dänische Straße verschwand der alte Tanzsaal, eines der stadtgeschichtlich bedeutendsten Häuser. Er ging mit Beginn des Jahres 1901 in den Besitz der preußischen Lebensversicherungsgesellschaft über. Die bis dahin im Erdgeschoß untergebrachte Polizeiwache fand am Kronshagener Weg neue Räume, der Kartenverkauf für die Marktverkäufer in der alten Gasanstalt am Neumarkt.

Außer dem alten Tanzsaal hatte die Gesellschaft noch die drei anliegenden Grundstücke Dänische Straße 2–6 zugekauft, um auf dem Gesamtgebiet ein großes Geschäftshaus aus dem Boden wachsen zu lassen. Nicht nur zur optischen Bereicherung der Marktgegend, sondern vor allen Dingen wegen der gleichzeitigen Verbreiterung der engen und verkehrsmäßig höchst gefährlichen Einmündung der Dänischen Straße in den Marktplatz – wie es hieß. Die Abbrucharbeiten des Tanzsaales im März 1901 gingen nicht so glatt über die Bühne, wie man es sich vorstellte. Einst dauerhaft und solide aufgeführt, mußte dem alten Baudenkmal Stück für Stück der Garaus gemacht werden. Allein bei den Balken des Dachgeschosses handelte es sich um Hölzer von noch tadelloser Qualität. Vorherrschend waren es Eichenstämme, die zum Bau verwandt wurden und im Laufe der Jahrhunderte eine steinerne Härte annahmen.

Nach der Nordseite blieb auch die Südseite des Marktplatzes von der Spitzhacke nicht verschont: Ecke Markt/Rosenstraße baute Wilhelm Jacobsen 1893 anstelle des Hosmannschen Hauses sein neues Kaufhaus. Hierher lockte er Kiels einkaufsfreudige Hausfrauen am laufenden Band mit Billigstangeboten. Sie konnten beispielsweise Schillers Werke in zwei Prachtbänden zu 2,90 Mark oder die sonst recht teuren Kristallgläser für geistige Getränke für nur 20 Pfennig erstehen. Herrenanzüge, die sonst 10–32 Mark kosteten, gingen für 5–18 Mark von der Stange. Ein Maßanzug mußte freilich schon mit 23–45 Mark bezahlt werden. Zur Weihnachtszeit verkaufte Jacobsen oft »Spielwaren für halben Werth, theilweise noch billiger« oder bot im ersten Jahrzehnt den letzten Schrei, Grammophone, an. Alles scharte sich jedesmal um die Trichter, wenn Musik mit leichtem Schluckaufeffekt herausplärrte.

Bis 1907 stand an der dem Jacobsenhaus gegenüberliegenden Straßenecke Schuhmacherstraße/Holstenstraße das Hormannsche Haus. Hier betrieb Hoflieferant Emil Wriedt sein Geschäft, bis es einem neuen Kaufhaus – diesmal Karstadt – weichen sollte. Wesentlich mehr gab es auf dem historischen Markt nicht mehr zu verderben. Nur die Westseite fehlte noch. Sie erhielt um 1908 ihre neue »Gestaltung« übergestülpt, die von den meisten als kräftig mißlungen empfunden wurde. Die einzelnen, teilweise neuen Gebäude wichen in Höhe und Aussehen derart voneinander ab, daß die westliche Marktseite nun ein recht unruhiges Bild bot.

Auf dem Gebiet des heutigen Raiffeisenhauses gegenüber dem Hauptbahnhof stand bis zu seiner Zerstörung im Januar 1944 das Hansa-Hotel (hier um 1910) ▷

Die Nordostecke des Marktplatzes 1903. Links erkennt man das bis auf das Kellergeschoß abgebrochene Haus Markt 14, dahinter die Schloßstraße. In der Mitte die Häuser Flämische Straße 1–7, rechts im Anschnitt die »Persianischen Häuser« ▷

HANSA-HOTEL
Zur Fahrkartenausgabe
und Gepäckabfertigung

Der Markt um 1925. Neu entstanden ist inzwischen auch die Ecke Schloßstraße/Flämische Straße an der Nordostecke des Alten Marktes. Der Blick auf die Nikolaikirche wurde durch den Abbruch der bis kurz nach der Jahrhundertwende davorstehenden Häuserreihe freigelegt. Von ihr blieben bis zur völligen Zerstörung am 22. Mai 1944 die vier »Persianischen Häuser« eine Attraktion Kiels. Die Fördestadt sollte im 17. Jahrhundert Handel mit Persien treiben. Da er nicht zustande kam, baute man mit dem Material des eigens für den Handel errichteten Speichers (am heutigen Sartorikai) alte Fachwerkhäuser vor der Nikolaikirche um. Seitdem führten sie den Namen »Persianische Häuser«. Südlich der Gebäudereihe der Pavillon von Lorinki (Zigarren) und das alte Rathaus (rechts im Bild)

Links mündet die Dänische Straße in den Marktplatz ein. Nach dem Umbau bestimmten das Haus der preußischen Lebensversicherungsanstalt (auf dem Gelände des alten Tanzsaals), Café Uhlmann (Markt 13) und das Löwenbräuhaus (Markt 14, rechts) die Nordseite des alten Stadtzentrums

Man lese und staune bei einem Blick auf statistische Berichte: 1871 wohnten noch 341 Bürger am Markt, 1895 waren es 233 und 1910 nur noch 195. Der Markt bildete zunehmend das Herz der neuen »City«.

Der Markt war aber längst nicht das einzige, was es in der Altstadt zu erneuern gab. Ging man zum Hafen hinunter, kam man in die Straße »Zum Kuhfelde«. Hier stand noch ein Stück alter Stadtmauer, das aber die Zeit der Jahrhundertwende nicht überdauern sollte. Es mußte im Februar 1902 verschwinden. Das vom Kuhfelde, der Kattenstraße (heute Konzerthallengebiet) und der Damenstraße begrenzte Grundstück ging an einen Herrn Clasen aus der Dahlmannstraße käuflich über. Er plante eine Teilung des Grundstückes in kleinere Parzellen, um Baugebiet für Läden und Wohnungen zu schaffen. Setzte man dann seinen Gang durch die Verlängerung der Straße »Zum Kuhfelde«, »Hinter der Mauer«, zur Torstraße fort, gelangte man in die Schuhmacherstraße. An dieser Stelle der Altstadt hatte sich wenig verändert. Hin und wieder traf der Blick des Betrachters auf einen Neubau in der schmalen Straße, aber sonst zeigte sich alles vom alten: die teilweise schiefen Häuser, winklig, mit kleinen Schaufenstern und den Zunftzeichen der verschiedenen Handwerke, die im Windzug leicht hin und her schaukelten. Neu stachen die zahlreichen Firmen- und Werbeschilder an Türen und Hauswänden hervor. 1901 kam zur Beseitigung des Ost-West-Verkehrsproblems eine Brücke vom Schuhmachertor zur Wilhelminenhöhe ins Gerede. In der zur Schuhmacherstraße parallel liegenden Flämischen Straße träumten andere von einem über den Hafen führenden Brückenbauwerk, denn die sich zunehmend verschlechternden Verkehrsverhältnisse zwischen beiden Fördeufern führten ständig zur Kritik. Man war es leid, immer den beschwerlichen Weg um die »Kippe« (südlich der Hörn) gehen zu müssen. Das Vorhaben blieb jedoch im Planungsstadium stecken, wahrscheinlich, weil es viel zu teuer geworden wäre. Also blieb hier alles beim alten. Einige Schritte weiter westlich in der Dänischen Straße verhielt es sich genau umgekehrt. Dort änderte 1906 der städtische Neubauwille vor allen Dingen die Breite der Straße. Einige Häuser mußten mit ihrer Vorderfront zurückgenommen werden, andere verschwanden völlig. Die Zahl der historischen Bauten schmolz blitzschnell zusammen.

Ein Blick in die Nikolaikirche vor dem zweiten Weltkrieg. Der im 13. Jahrhundert als gotische Backsteinhallenkirche errichtete und dem Schutzpatron der Kaufleute und Seefahrer (dem Heiligen Nikolaus) geweihte Bau wurde bei einem Bombenangriff am 22. Mai 1944 mit Ausnahme von Randmauern und Turmstumpf völlig zerstört. Der größte Teil des Inventars konnte durch Auslagerung gerettet werden: die Barockkanzel (1705 von Theodor Allers), die dahinter stehende Bronzetaufe (1344 von J. Apengeter), die beiden barocken Kronleuchter mit Stifterinschriften, das sechs Meter hohe Triumphkreuz (1460 von einem unbekannten Meister) und der spätgotische Schnitz- und Gemäldealtar. Die kleine hölzerne Gedenktafel zu Ehren der im ersten Weltkrieg Gefallenen – an der Nordseite des Chorraumes – (1922 von E. Barlach) sowie die meisten Epitaphien und Ausmalungen gingen im letzten Krieg verloren

Die Faulstraße um die Jahrhundertwende mit einem Blick von der Kehdenstraße in Richtung Küterstraße. Im dritten Haus von links, wo die Faulstraße in eine leichte Biegung überging, wohnte der Heimatdichter Klaus Groth als Junggeselle oft über Winter in den Jahren 1853–1859 bei »Mutter Brandis«

Das Hormannsche Haus (unten, um 1904) Ecke Markt/Holstenstraße verschwand zugunsten des Kaufhauses von Rudolf Karstadt 1905. Auf der oberen Abbildung ist es nicht mehr zu sehen; hinter dem gezogenen Bauzaun sind die Ausschachtungsarbeiten für den Kaufhausneubau im Gange. In der Mitte ein Blick in die obere Holstenstraße; rechts das bereits bestehende Kaufhaus Jacobsen sowie das alte Rathaus

Die Stadtmauer in der Straße »Zum Kuhfelde« auf Höhe der Kattenstraße um 1900 (heute NDR-Gelände). Die Straße »Zum Kuhfelde« verlief weiter südlich in Richtung Bootshafen und hieß dort abschnittsweise »Hinter der Mauer« bzw. »Torstraße«

Die Straße »Hinter der Mauer« vom »Kuhfelde« aus gesehen. Beim Fußgängerwegvorsprung auf der linken Straßenseite mündete die Fischerstraße ein. Geradeaus nahm »Hinter der Mauer« als »Torstraße« ihre Fortsetzung. Links führte die Kattenstraße zum Wall. »Berüchtigte« Straßen mit Matrosenkneipen, roten Laternen und häufigen nächtlichen Prügelszenen machten dieses Gebiet zum ständigen Unruheherd

Die zum Markt leicht ansteigende Schuhmacherstraße um 1900. Im Hintergrund die Nikolaikirche

Außer dem großen Buchwaldtschen Hof, Nr. 31, zog der kleinere Warleberger Hof, Nr. 19, viele Besucher an; denn nach 1881 beherbergte er das Hebbel- und Theatermuseum. Über dem schönen Rokokoportal mit dem geschwungenen goldenen »R« in der Kartusche stand in metallenen Buchstaben zu lesen: Theatermuseum. Das Gebäude selbst konnte auf eine lange Tradition zurückblicken: Der Amtsschreiber Friedrichs III., Christoph Martens, ließ den Hof 1616 erbauen. Seine Besitznachfolger waren seit 1695 Adlige des jenseits des Kanals gelegenen Gutes Warleberg, denen das Gebäude noch heute seinen Namen verdankt. 1765 erwarb es der großfürstliche und fürstbischöfliche Geheimrat und Conseilminister Henning Bendix von Rumohr, der das sandsteinerne Rokokoportal einbauen ließ. Das »R« zeugt bis in die Gegenwart hinein von der Rumohr-Zeit.

Nach 1839 erfüllte der Warleberger Hof weniger den Zweck eines Stadtsitzes für den Adel; hier war das Institut für Anatomie der Universität, da er einen sehr kühlen Keller besaß. Vormals braute man in seinen tonnengewölbten Räumen Bier, wobei der sieben Meter tiefe Kellerbrunnen die Gerstensaftproduzenten mit nötigem Frischwasser versorgte. Nicht in jedem Adels- oder Bürgerhaus durfte Bier hergestellt werden. Der Warleberger Hof zählte seinerzeit zu den wenigen Kieler Freihöfen, die ein Brauprivileg eingeräumt bekamen. Ein Stückchen weiter zeigte sich der Buchwaldtsche Hof mit seinem doppelten Treppengiebel. Bog man vom Warleberger Hof kommend in der Dänischen Straße nur einige Meter nach links ein, sah man schon den stattlichen Freihof, dessen mit Maueranker verzierte Fassade dem Betrachter gleich das Monogramm des Erbauers, seiner Gemahlin und das Baujahr angab. Erbauer war Egidius von der Lancken, der den Hof mit seiner Frau Lucia von der Lancken bezog. Lancken bekleidete unter Herzog Friedrich III. das Amt des Landrats und Amtmanns der Ämter Kiel, Bordesholm und der Insel Fehmarn. Nach dem Tod Lanckens verkauften seine Erben Kiels größtes Adelshaus 1634 an Heinrich Rantzau zu Schmoel und Hohenfelde. Das Anwesen trug fortan den Namen »Schmoeler Hof«. Die späteren Bezeichnungen »Seedorfer«, danach »Buchwaldtscher Hof« sind auf Kaspar von Buchwaldt auf Seedorf zurückzuführen, der 1787 als Besitzer nachzuweisen ist.

Das noch heute erhaltene Portal des Warleberger Hofes in der Dänischen Straße

An der schräg gegenüberliegenden Straßenecke Dänische Straße/Burgstraße verschwand im Januar 1907 die »Burghalle«, wobei die Altstadt erneut ein charakteristisches Haus einbüßte. Ursprünglich gehörte um 1595 auch dieses Haus zum Rantzauschen Besitz, ging 1696 an Nikol. Christ. von Thienen auf Bülck über und hieß fortan »Bülcker Hof«. 1767 kaufte es Baron Siegfried von Liliencron auf Wulfshagen für eintausendzweihundert Reichsthaler. Knapp dreißig Jahre später, 1793, erwarb es Professor Cramer in Kopenhagen, dessen Familie das Haus bis 1833 hielt und an den Fotografen Graack verkaufte. Der letzte Eigentümer des beliebten Restaurants »Burghalle«, Tornquast, hatte sich kurz nach der Jahrhundertwende entschlossen, einen großzügigen Neubau zu errichten. Zum Bedauern vieler Stammgäste war es dann mit dem Genuß des Biers oder des Kaffees unter freiem Himmel vorbei. Man konnte bei gutem Wetter auch vor der Burghalle den Blick aufs Schloß genießen.

Der Buchwaldtsche Hof von der Dänischen Straße aus gesehen

Das 1907 beseitigte Restaurant »Burghalle« Ecke Burgstraße/Dänische Straße

Hein Pieper zog als Kieler Original mit schiefem Kopf und einem Leierkasten im Kinderwagen durch die Straßen. Für seine tägliche Ernährung sorgte manche Gaststätte mit einem Gratisgericht, für seine Bekleidung manch Altstadtbewohner mit ausrangiertem Zeug

Sagte einer, er ginge in »de Vörstadt«, wußte jeder, was damit gemeint war. Zur Vorstadt zählte alles, was sich südlich der kleinen Altstadthalbinsel erstreckte und etwa von der Holstenbrücke bis zum alten Kieler Bahnhof reichte. Die Vorstadt, seit 1901 gänzlich in Holstenstraße umgetauft, bildete mit der Holstenstraße die Hauptstraße der jungen Großstadt. Gleich hinter den Reichshallen, im Hause Vorstadt 3, führte C. M. Schmidt sein Zigarettengeschäft. Er versorgte die Raucher mit den gängigen Zigarettenmarken »High Life« oder »Heil Dir«. Letztere zeigte das Bild des Kaisers mit aufgezwirbeltem Bart und kam für sechs bis zehn Pfennig pro Stück in den Handel. Auf der gegenüberliegenden Straßenseite empfahl sich Meislahn, dessen häufige Annoncen in der »KZ« den Käufer von Wertarbeit überzeugen sollten: »Fertige Wäsche ist eigenes Fabrikat, welche sich durch exakte saubere Näherei von sogenannter Fabrik-Arbeit wesentlich hervorhebt.«

Völlig neuartig war Reimers Automatenrestaurant, Holstenstraße 41. Für einen einzigen Groschen konnte man sich einen Schnellimbiß zur Stärkung holen oder zu später Stunde, nach einer Theater- oder Varietéveranstaltung, dort noch seinen Hunger stillen. Wer für zehn Pfennig kein halbes belegtes Brötchen mochte, zog zum gleichen Preis eine halbe Schnitte belegtes Brot, eine Tasse Kaffee oder ein Glas Bier vor.

Bei Bustorf ließen sich die Hausfrauen edle Stoffe durch die Finger gleiten, wenn er Sonderangebote – z.B. Gardinen 25 Pfennig bis 1,50 Mark in allen Breiten – auf den Markt warf. »Seiden-Bustorf« führte von Rouleaux, Läufern, Tischdecken und Steppdecken alles bis zur Konfektion aller Art. Das Haus steht nicht mehr; auf seinem Gelände liegt heute der Parkplatz vor dem Kieler-Nachrichten-Gebäude.

In der großstädtischen »Vorstadt« gab es schon damals Geschäfte verschiedenster Branchen: Nullmeyer empfahl sich als Spezialist für Schirme. Bei Klüglein verließ man das Geschäft mit Zeichenutensilien, Papier und Schreibwaren. Brot kaufte man bei Bäcker Steffen (mit komplettem Namen: Brotfabrik Steffen), hinter dessen Laden sich Bäckerei und Konditorei bis zur Fabrikstraße entlangstreckten. Steffens Brotfabrik lag am Mühlenbach.

Sah man Kinder, die sich am Schaufenster die Nasen plattdrückten, war man bei Giesecke angelangt. Hier kauften die Kieler nicht nur Spielsachen, sondern konnten auch Arme und Beine von Puppen wieder festmachen lassen.

Bevor man der Biegung der Holstenstraße in die Klinke folgte, stand man vor dem Schweffelhaus, einem der schönsten Alt-Kieler Kaufmannshäuser. Kiels Stadtforscher schrieben das 1775 errichtete Gebäude dem bekannten Hamburger Barockbaumeister Sonnin, aber auch seinem Schüler, dem nicht unbekannteren Landbaumeister J. A. Richter, zu. Stadt- und Verkehrsplaner wollten es dem Erdboden gleichgemacht wissen, forderten den Abbruch, um die Holstenstraße nach Süden hin verlängern zu können. Ohnehin beklagten viele die Enge an den Ecken der Klinke. Bei dem ständig wachsenden Verkehr kam es oft zu Karambolagen von Fahrzeugen. Die Gegenstimmen zu diesem Vorhaben waren zahlreich. Die Inneneinrichtung des alten Wohn- und Geschäftshauses zeugte noch aus der Zeit der bedeutenden Kieler Kaufmannsfamilie Schweffel.

Die Neuerer fanden durch die Kieler Zeitung willkommene Unterstützung, als diese am 29. April 1906 gegen die Erhaltungsbemühungen des Konservators polemisierte: »Es heißt, daß seitens des Konservators für Altertümer und der beteiligten Ministerien gegen den Abbruch des Schweffelschen Hauses Bedenken erhoben sind, weil dasselbe angeblich einen Kunstwert besitzen soll, welcher die Erhaltung an einer verkehrsreichen Stelle der Stadt nicht nur rechtfertigen, sondern gebieten kann.« Denkmalschutz beschränkte sich seinerzeit hauptsächlich auf Kirchen, Schlösser, Herrenhäuser und Denkmäler, nicht aber auf Kaufmanns- oder Bürgerhäuser. Das Schweffelhaus verschwand 1907, wobei sich die Stadt zuvor verpflichten mußte, ein originalgetreues Holzmodell im Maßstab 1:20 anfertigen und im Stadtarchiv unterbringen zu lassen. Die Inneneinrichtung wanderte wie alles, was in Schleswig-Holstein Verbindungen mit Heimatkultur und Geschichte zeigte, ins Thaulow-Museum.

Das nur wenige Meter weiter westlich gelegene Gängeviertel auf dem Kuhberg war kein Renommee für Kiel. Hier hätte man sanieren und abbrechen können; es gab zudem genügend Not und Elend in diesem Viertel. Wie in den weiter südlich anschließenden wilhelminischen Wohnvierteln lebten hier teilweise recht arme und kinderreiche Familien. Oft sah man die Sprößlinge an der Hintertür des Cafés Uhlmann am Markt für einen Groschen um Kuchenabfall für den Sonntagnachmittagskaffee bitten ... und wie weit lief man, wenn der Kaufmann neben preisgünstiger Ware auch noch Rabattmarken versprach! Eine Kieler Bürgerin erinnerte sich am 16. Februar 1963 in der Volkszeitung, wie bei Wind und Wetter vom alten Gaswerk am Rondeel unentbehrliches Brennmaterial erstanden werden mußte. Früh um sechs Uhr kamen alle Bedürftigen zur Kartenausgabe, um pünktlich um sieben Uhr zum Verkauf anzustehen. In der gleichen Ausgabe berichtet sie: »Auf dem Exer gab es, wenn Marktschluß war, Knickeier, Speckschwarten oder geplatzten Kohl, auch mal Wurzeln und Steckrüben. Das waren unsere Schulstullen. Bei Regenwetter liefen wir zum Bootshafen, pitschnaß, aber mit einem Netz voller Fische für ein paar Groschen.« Das gesamte Gängeviertel existiert heute nicht mehr. Es ging im Bombenkrieg unter. Seit 1951 breitet sich auf dem gleichen Gelände die Ostseehalle aus.

Zurück zur Holstenbrücke. Kiel verlor nach Meinung seiner Bürger besonders um die Jahrhundertwende so viele typische Häuser, Gaststätten und Straßenzüge, daß es auf ein Mehr oder Weniger bald nicht mehr ankam. Nach Meinung der Stadtverwaltung sollte der einst südlich die Altstadt schützende Wasserarm zwischen Bootshafen und Kleinem Kiel aufgeschüttet werden. Hier sollte künftig eine leistungsfähige Verkehrsader pulsieren. Den Beschluß, den Brückensteig (heute alles Holstenbrücke genannt) auszubauen, fällte die Stadtverordnetenversammlung am 2. März 1901 einstimmig, der Magistrat mit einer Gegenstimme. Die Arbeiten rollten erst im Frühjahr 1903 an, recht gut und ohne besondere Schwierigkeiten. Die ersten Kopfzerbrechen mußte man sich während der Aufschüttung nur beim Umleiten des Fußgängerverkehrs machen, denn durch die Beseitigung der Holstenbrücke im August 1903 konnte der Fußgängerstrom zwischen unterer und oberer Holstenstraße schlecht unterbunden werden. Man mußte sich mit einem provisorischen Nebenfahrdamm behelfen, wie man es kurz vorher bei der abgebrochenen Kehdenbrücke getan hatte. Manche Kieler, besonders die älteren, blieben öfter vor dem Bauzaun stehen und versuchten, durch einen kleinen Spalt die Bauarbeiter zu beobachten. Ein wehmütiger Anblick. Diesmal wurde ein Stück Alt-Kiel nicht abgebrochen, sondern zugeschüttet. Aber was half's? Kiel wuchs zur Großstadt heran, brauchte weder Holstentor noch Torbrücke zum Schutz, aber bequeme Verbindungswege vom Zentrum zur Peripherie.

Die Holstenstraße um 1910; Blick von der Fleethörn in Richtung Nikolaikirche

Das Schweffelhaus, Klinke 2, spätestens 1907 von der Holstenstraße aus gesehen. Es mußte der Verlängerung der Holstenstraße nach Süden hin weichen und stand auf dem Gebiet zwischen dem heutigen Hotel Astor und Café Fiedler. Links die Straße »Klinke«, rechts die Schevenbrücke

Der Bäckergang im Gängeviertel um 1900

Der Wasserarm zwischen Kleinem Kiel und Hafen um 1900. Über den Graben führten die Kehdenbrücke (hier Standort des Fotografen) und die Holstenbrücke (Bildmitte). Links das Gebäude der Kieler Zeitung; auf der rechten Seite Ecke Brükkensteig (wie es damals hieß)/Holstenstraße das Gebäude von Meislahn, dahinter die »Reichshallen« ▷

1903/04 ließ die Stadt den Wasserarm kanalisieren und das Gelände aufschütten (Foto: Höhe Holstenbrücke). Heute erinnert nur noch der Straßenname »Holstenbrücke« an den ehemaligen Zustand ▷

Das Thaulow-Museum (hier 1928) ging aus einer Schenkung des 1883 verstorbenen Geheimrats Dr. Thaulow, Professor der Philosophie in Kiel, hervor. Thaulow baute als Kunstliebhaber einen erheblichen Teil der stadt- und landesgeschichtlichen Sammlung auf, die später den Grundstock des Museums bildete. Im Untergeschoß des linken Gebäudeteils zog die Gaststätte »Alter Landeskeller« Gäste an

Lampen Niederlage
Gas Apparate
Bade-Einrichtungen
Theater
Breiter-Weg 3-5
Carl Thiess.

Weite Teile der Hafengegend und der Altstadt wurden während der großen Sturmflut am 31. Dezember 1904 unter Wasser gesetzt, wie hier die Holstenbrücke

Die unter Wasser stehenden Seegartenbrücken mit den »NDC«-Dampfern während der gleichen Dezemberkatastrophe 1904. Links das in Mitleidenschaft gezogene Gartenrestaurant Seegarten

Der Fischerleger am Schuhmachertor um 1900. Hier legten die Ellerbeker mit ihren Booten an und verkauften ihre Ware

Bis die Fischer eine Verkaufshalle, die noch heute stehende Fischhalle, zur Verfügung hatten, mußten sie wie hier am Wall unter freiem Himmel ihren Fischmarkt abhalten

Im Interesse von Handel und Schiffahrt forderten Neubaumaßnahmen in den ersten Monaten des Jahres 1903 die interessantesten Partien der alten Wasserkante. Der Fischerleger vor dem Schuhmachertor sollte verschwinden und zum Gelände der späteren Fischhalle übersiedeln. Auf diesen Fischmarkt kamen die Ellerbeker schon seit langer Zeit, um den Kieler Bürgern Dorsch, Heringe, Goldbutt und Makrelen anzubieten. Oft hielt es sich zwischen Verkäufer und Kunden nicht immer in friedlichen Grenzen: dann nämlich, wenn der Kunde es mit Beschauen, Betasten, Handeln, Feilschen und Kritisieren zu weit trieb.

Die gewohnten Fischerlegereinrichtungen am Schuhmachertor stammten aus den Jahren 1835/36, als der Fischerleger schon damals einer durchgreifenden Reparatur unterzogen wurde.

Wer waren diese Fischer und Fischerfrauen eigentlich? Man kannte sie zwar vom Markt her, aber wann kam man schon mal in ihre Heimat, nach Gaarden oder Ellerbek? So gut wie nie. Die beiden Orte lagen abgekapselt von ihrer Umwelt auf dem Ostufer, einer Welt für sich. Während Gaarden seit den siebziger Jahren des 19. Jahrhunderts seine ländliche Idylle stetig zugunsten der Werftausbauten aufgab, konnte Ellerbek bis 1904 seine Abgeschlossenheit bewahren. In jenem Jahr aber sollte die Kaiserliche Werft bedeutend nach Norden hin erweitert werden. Ellerbek, wo bereits das Dröhnen der Hammerschläge der benachbarten Werften als ein Eindringen in die dörfliche Harmonie empfunden wurde, geriet in den Sog der technischen Entwicklung. Fast siebenhundert Jahre lang führte Ellerbek ein eigenes Leben. Seinen Namen verdankte die kleine Fischersiedlung dem Erlenbach, der den Schwanensee in das heutige Marinearsenal entwässerte. Anfangs verdienten die ersten Ellerbeker als Fährleute ihr Brot. Sie halfen nach Gründung Kiels den stark anlaufenden Verkehr von und nach der Probstei zu verkürzen; durch Gaarden und um die »Kippe« (Gelände südlich der Hörn) herum war es nicht nur weit, sondern bei Hochwasser auch nicht ungefährlich. Wenig später erwies sich die Fischerei als günstigere Verdienstmöglichkeit. Am Strand reihte sich Brückensteg an Brückensteg vom Ufer bis ins Wasser hinein. Die Fischer benutzten sie als Anlegestellen für ihre Boote. Dazwischen und davor wuchs ein ganzer Wald von langen Pfählen empor, die in den Meeresgrund hineingerammt waren und den Booten zum Festmachen dienten. Ihnen gegenüber am Strand standen in endlosen Reihen die »Stütten«, auf die die Fischer ihre nassen Netze zum Trocknen aufhingen. Aufrecht oder kieloben lagen dicht nebeneinander Dutzende von Fischerbooten, wenn sie für die jeweilige Saison gerade nicht benötigt wurden. Die malerische Anreihung von Fischerhäusern, Fischerbooten und Fischernetzen spürte 1903 ihr Todesurteil: Der Staat kaufte zum vierten Mal Ostufergelände zur Werfterweiterung auf, und hundertfünfzig alteingesessene Familien (etwa achthundert Menschen) mußten ihre jahrhundertealte Heimat gegen eine neue Siedlung an der Schwentinemündung tauschen. Die Fischer zogen ab. Sie mußten. Die einen waren schon vorher übergesiedelt, die anderen hofften insgeheim, doch bleiben zu dürfen. Der 5. März 1904 wurde zum eigentlichen Umsiedlungsstichtag bestimmt. Nach und nach, Tag für Tag beförderten vor und nach dem Osterfest des Jahres 1904 hochbeladene Wagen das Mobiliar und die Habseligkeiten der Fischer zu ihrer neuen, auf dem Reißbrett entworfenen Siedlung.

Der Abzug der Fischerfamilien veränderte das Gesicht Ellerbeks völlig. Es siedelten sich viele, ja wesentlich mehr Menschen auf dem Ostufer an in den zahlreichen neu erbauten Arbeitersiedlungen.

Wenden wir uns noch einmal dem täglichen Alt-Ellerbeker Geschehen zu. Man darf sich nicht vom malerischen Ostuferleben täuschen lassen: Fischerdasein bedeutete hartes Brot. Drei bis vier Fischer zogen zusammen in zwei Booten oder Kähnen zum Fang hinaus. Jeder Fischer führte zuvor den notwendigen Ankleidungsritus durch: Ob warm oder kalt, auf dem bloßen Körper trug er eine dicke, blaue, wollene Hose, die den Marinehosen ähnlich sah. Die Oberkörper steckten in einer dicken, blauen, gestrickten, wollenen Jacke, einem dünneren, blau-weiß gestreiften Überhemd, einer Weste aus dickem Hosenstoff, einem sogenannten Isländer und einer weiteren dicken, blauen Jacke. Dann kamen die Füße dran, die ja ebenfalls ausreichend gegen Kälte, Wind und Regen geschützt sein sollten. Über die bereits angezogenen Strümpfe und die angezogene Hose krempelte der Fischersmann noch ein Paar sehr dicke, lange Strümpfe, die fast bis an den Oberkörper reichten. In seine riesigen Stiefel, dreißig bis vierzig Mark das Paar, füllte er zunächst einige Hände voll Stroh und stopfte nach dem Anziehen weiteres Stroh nach, damit auch wirklich alles wasserdicht schloß. Die Stiefel band er oberhalb der Knie fest; sie erhielten eine weitere Schutzhülle, eine grobleinene Kniehose. Nun konnte es losgehen. – Halt! Die Kopfbedeckung fehlte ja noch. Entweder war es der Wurstkessel, eine blaue Schiffermütze, die sich der Fischer ins Gesicht zog, oder bei Regen und Wind der Südwester, eine aus gefirnißter Leinwand hergestellte Kappe. Last, not least warf er sich noch einen wasserdichten Ölrock über. Der hölzerne Proviantbehälter wurde nicht vergessen, ebenso nicht zwei bis drei Paar dicke, wollene Fausthandschuhe. Dann ging es endlich zur Abfahrtstelle. Man besprach sich kurz, wer welches Revier nehmen sollte, setzte sich in die Boote und fuhr seinem Fanggebiet entgegen, das sich je nach den Witterungsverhältnissen änderte.

Kam die Fischerflotte am anderen Morgen heim, gingen die Frauen hinunter zum Strand, ihren Männern entgegen. Noch bevor er den Mund aufgemacht hatte, fragte die Frau: »Heb jie watt fungen?«, und nach seiner kurzen Antwort schickte sie ihren Mann ins Haus: »Dien Eten steiht opp'n Disch.« Es bestand meist aus Pfannkuchen und Kaffee. Danach machte er es sich in der warmen Stube gemütlich, während Frau und Töchter immer noch am Strand im Gange waren. Sie holten die Fische, sortierten sie, und die Fischerfrau hatte ihre Fähigkeit zu einer guten Geschäftsfrau unter Beweis zu stellen. Gleich morgens versuchte sie, die frischen Fangergebnisse ihres Mannes an Ort und Stelle in der Art einer Auktion zu verkaufen. Im Sommer Goldbutt und Aale, im Winter Heringe und Sprotten. Die übriggebliebenen Fische fuhren die

Frauen in Einbäumen hinüber in die Stadt. Bei Wind und Wetter bot sich vom Westufer immer das gleiche Bild, wenn die Einbäume mit drei bis vier Frauen besetzt am Fischerleger ankamen.
Währenddessen fühlte sich der Fischer »drüben« schon wieder recht heimisch. Die Pfeife im Mund, die Holzpantoffeln an den Füßen, ging er langsam zum »Klön« auf den Versammlungsplatz der Fischer. Man unterhielt sich über andere und eigene Fangergebnisse, schimpfte über das laute Baggern und Getöse auf der benachbarten Werft und lobte die Verkaufserfolge der Frauen. Sie kamen gegen zwölf Uhr aus der Stadt zurück, um der Familie das Mittagessen zu bereiten, was gegen zwei Uhr verzehrt wurde. Danach ging man noch ein wenig an den Strand, um Kleinarbeiten zu verrichten. Neben der sommerlichen Arbeit sorgte ein besonderes Fest für Unterhaltung: die Buttgilde. Sie unterstützte einst die Ellerbeker, denen das Haus abgebrannt war ... und weil die Gäste auf dem Gildefest mit gebratenem oder in Sauer gelegtem Goldbutt bewirtet wurden, nannte sie jeder Buttgilde. Noch gegenwärtig wird die Buttgilde alljährlich gefeiert, nur haftet ihr heute mehr Jahrmarktcharakter an.

Schwimmende Holzkästen garantierten ein Frischbleiben der Fische

Fischer (um 1930) vor der 1909/10 von Stadtbaurat Pauly geschaffenen Fischhalle (rechts)

◁ *Die Sellmersche Treppe in »Rußland«, dem nördlichen Teil Ellerbeks*

Der Ellerbeker Fischerstrand um 1890

◁ *Ellerbeker Fischerfamilien um 1880*

Die den Fischern zugewiesene neue Kolonie an der Schwentinemündung (um 1905)

Ein Überbleibsel aus dem alten Ellerbek: das Alt-Ellerbeker Fischerhaus im Werftpark 1912. Es wurde im zweiten Weltkrieg zerstört; die Inneneinrichtung konnte gerettet werden. Das Doppelhaus in niedersächsischer Bauart bestand aus Fachwerk mit Backsteinfüllungen und einem Reetdach mit Krüppelwalmgiebeln. Im Innern bot es vier Wohnungen für eine Fischergenossenschaft. Je zwei Wohnungen lagen zu einer Seite der großen Mitteldiele. Fischergenossenschaften übten die Fischerei und die Besorgung der notwendigen Arbeiten gemeinsam aus und wohnten mit ihren Familien unter einem Dach

»Eingemachte Betten«, sogenannte Alkoven. Der Fotograf Theodor Möller beschrieb es in »Alt-Ellerbek und das Fischerhaus im Werftpark«: »Es ist ein doppeltes Wandbett, ohne eine trennende Querwand, mit einer einzigen großen, gemeinsamen Decke«

Vom alten Ellerbek war außer dem Ortsnamen noch etwas bis zur Zerstörung im zweiten Weltkrieg geblieben: das Alt-Ellerbeker Fischerhaus von 1699. Beim Abbruch Ellerbeks wanderte das vom »Wohlfahrtsverein für die Angehörigen der Kaiserlichen Werft Kiel« erworbene Gebäude in den Werftpark, wo es seit 1904 als Freilichtmuseum dem Heimatfreund offenstand. Nach einem Brand 1910 und der nahezu völligen Zerstörung begann man seit 1929, das Innere sorgsam wiederherzurichten. Neueröffnung war im März 1934. Die östliche Haushälfte beherbergte das Heimatmuseum, die westliche die Wohnung des Hausmeisters Kruse. Er stand Besuchern und ganzen Schulklassen als bereitwilliger und interessierter Führer zur Seite. In der Diele wies er auf einen großen Schwibbogenherd hin, im Schlafgemach auf die »eingemachten Betten«, die Alkoven.

Ähnlich wie auf Ellerbek wirkten sich Dock- und Krananlagen auf Gaarden aus. Systematisch fiel auch der Kern dieses Dörfchens der Norddeutschen Werft (1867) sowie der Königlichen und später der Kaiserlichen Werft (1868) zum Opfer. 1898 beschloß die Firma Krupp, die vorhandenen Werftanlagen großzügig auszubauen, und es entstand die »Friedrich Krupp AG-Germania-Werft« auf dem inneren Hörngelände. Der größte Teil des alten Werftareals wurde an die Kaiserliche Werft abgetreten, die ihrerseits 1903/04 nach Norden erweitert wurde und die Vernichtung Alt-Ellerbeks heraufbeschwor.

Blick in die Diele des Fischerhauses: Räucherkamin, Fischergerät und aufgehängte Netze

Auf der Germania-Werft wurden vorwiegend U-Boote gebaut, noch bevor der Kaiser Deutschlands Zukunft auf dem Wasser prophezeite. Hier U 7 vor den Hellingen; rechts das Westufer mit dem Hauptbahnhof

Die Kaiserliche Werft um 1900

Gaardens Werften entwickelten sich in ungeheurer Schnelligkeit. Schon 1902 umfaßte die Wasserfront von Krupps Germania-Werft etwa 800 Meter, die Grundfläche etwa 22,5 Hektar. Aufträge gingen zum großen Teil von der Kriegsmarine ein. Bis 1911 entstanden hier allein 9 Linienschiffe, 5 kleine Kreuzer, 33 Torpedoboote und 16 U-Boote. Daneben sorgten zahlreiche ausländische Aufträge für Vollbeschäftigung. Eine gewagte, nachträglich für den wirtschaftlichen Werdegang der Werft betrachtet, weise Entscheidung traf Friedrich Alfred Krupp 1902, als er den Bau eines Unterseeversuchsfahrzeugs genehmigte. Damit wollte sich die Werft in der Praxis mit Gesetzen der Unterwasserfahrt vertraut machen und gleichzeitig mit dem ersten Versuchsboot, der »Forelle«, Grundlagen für den Bau größerer Schiffe gewinnen.

Die deutsche Marine verhielt sich gegenüber der U-Boot-Entwicklung zunächst abwartend, bestellte dann aber am 4. Dezember 1904 das erste deutsche U-Boot, U 1, das 1906 in Dienst gestellt werden konnte. Die neue Waffe der Marine zeigte sich als höchst beachtenswert: 1907 rüstete U 1 bei schwerem Wetter zu einer Fahrt von Wilhelmshaven um Skagen herum nach Kiel, wobei es 587 Seemeilen zurücklegte. Bis zum Ende des ersten Weltkrieges verrichtete U 1 als Schulboot seine Dienste, danach erhielt es als historisches Schaustück einen Platz im Deutschen Museum in München. Die weiteren U-Boote U 2–U 4 schuf die Kaiserliche Werft in Danzig, denn die Marine nahm sich von Anfang an das Recht heraus, weitere U-Boote nach Plänen der Germania-Werft in eigenen Werkshallen bauen zu lassen. Zwischenzeitlich begann die Germania-Werft mit der Konstruktion von Dieselmotoren, die die in Essen ansässige Firma Krupp bereits seit 1893 gemeinsam mit der Maschinenfabrik Augsburg nach Plänen des Erfinders Rudolf Diesel baute und serienmäßig herstellte.

Die Marine erkannte das U-Boot als Waffe mit Zukunft. Aufträge gingen ein und drängten den gesamten übrigen Kriegsschiffbau gewaltig in den Hintergrund. Schließlich kam er ganz zum Stillstand, denn es sollten alle nur verfügbaren Kräfte bei der Produktion von U-Booten mitarbeiten. Viele aus Kiel stammende U-Boote machten Geschichte: U 35 zum Beispiel; es versenkte insgesamt achthunderttausend Tonnen »feindlichen Handelsschiffraumes«; oder U 53, das unter dem aus Essen stammenden Kapitänleutnant Rose eine Fernfahrt nach Newport (USA) unternahm und bei dem gesamten Unternehmen hin und zurück über den Atlantik seine Vorräte nicht ergänzte.

Die nach Norden hin benachbarte Kaiserliche Werft stand ebenfalls im Dienste Seiner Majestät. Er ließ es sich auch nicht nehmen, der Werft durch mehrmalige Anwesenheit einige Stunden Glanz und allgemeines Interesse zu verschaffen, wobei Wilhelm II. bevorzugt zu pompösen Stapelläufen erschien.

Das Staatsoberhaupt benutzte Werftfeierlichkeiten meistens dazu, sich volksnah zu geben und mit den am Bau beteiligt gewesenen Arbeitern ein Gespräch zu führen. Beobachtungen während des Arbeitsprozesses weckten sein »höchstes Interesse«.

Die dritte, aus Kiel nicht wegzudenkende Werft, die Howaldtswerke in Neumühlen-Dietrichsdorf, feierte am 1. Oktober 1901 ihr fünfundzwanzigjähriges Jubiläum. In der Villa des Kommerzienrates Georg Howaldt erschienen Mitglieder der Familie sowie Oberbürgermeister Fuß, Stadträte, Stadtverordnetenvorsteher Dr. Ahlmann und Vertreter des Landes, um dem Jubilar ihre Glückwünsche zu überbringen. Alle Arbeiter stellten nachmittags um fünf Uhr ihre Arbeit ein, formierten sich abends, um ihrem Chef zu Ehren einen Fakkelzug abzuhalten. Die Feuerwehr der Howaldtswerke er-

öffnete den Zug; ihr folgten Arbeiter und Beamte, die den Aufbau der Werft von Anfang an miterlebt hatten sowie sechs Musikkapellen. Abends um neun Uhr erreichten die etwa zweitausendvierhundert Personen die Villa Howaldts gegenüber der Marineakademie in Düsternbrook. Howaldt saß gerade mit seiner Familie auf der Veranda. Er dankte den vielen »Mitarbeitern«, die in seinem Park aufmarschiert waren. Danach verließ die Arbeiterschaft mit ihren Transparenten und Fackeln das Grundstück, zog durch Düsternbrook, den Schloßgarten und Lorentzendamm hoch zum Wilhelmplatz, wo sie die Fackeln zusammenwarf. Dann ging auch sie feiern: Der Werftbesitzer hatte sämtliche Arbeiter mit ihren Familienangehörigen zu festlichen Veranstaltungen in »Wriedts Etablissement« und in die »Waldwiese« geladen. Beide Lokale platzten förmlich aus allen Nähten. Diejenigen, die fünfundzwanzig Jahre der Werft angehörten, bekamen zunächst großzügige Geldgeschenke. Danach gab es für alle musikalische Veranstaltungen, Theaterstücke, kinematographische Aufführungen und natürlich anschließend einen Ball mit ausgelassener Stimmung.

Die stark angestiegene Einwohnerzahl auf dem Ostufer stellte Kiels Stadtplaner vor und nach der Jahrhundertwende vor eine Reihe von Problemen.

Für reibungslosen Verkehr von und zur Stadt sorgten seit 1900 die ausgebaute Pickert-, Kaiser-, Johannis- und Elisabethstraße. Sie mußten verbreitert und ausgebaut werden, weil gerade hier geballte Siedlungen und Straßenzüge für die auf dem Ostufer ansässigen Arbeiter aus der Erde gestampft wurden. Durch die Schulstraße ratterte die Straßenbahn, ging laut quietschend in die Kurve Augustenstraße, um danach durch die Elisabethstraße in Richtung Werft zu fahren.

Arbeiterwohnungen entstanden massenhaft, und nicht alle entsprachen den damaligen sozialen Anforderungen. Greifen

Karikatur des größten Schwimmkrans auf der Germania-Werft

wir hier einmal ein positives Beispiel heraus: Krupps 1901 errichtete Siedlung an der Preetzer Chaussee bot Zweistubenwohnungen mit Küche, Korridor, eigenem WC und dem noch nicht überall üblichen elektrischen Licht. Für Kinder waren Spielanlagen vorhanden. Siedlungen wie die Kruppsche dienten nicht nur zur Wohnraumbeschaffung der Arbeiter, sondern sollten die Werktätigen gewissermaßen »moralisch« verpflichten, ihrem Arbeits- und Wohnungsgeber treu zu bleiben. Neben dem Wohnungsbau galten Krupps soziale Leistungen für seine Arbeiter, wie gute Entlohnung, Urlaub und Weihnachtszulage, damals als beispielhaft.

Als Gaarden-Ost 1901, Gaarden-Süd 1910 zu Kiel eingemeindet wurden, merkte keiner richtig etwas von der Stadtgrenzenverschiebung, weil Kiel und Gaarden schon zuvor miteinander verknüpft gewesen waren. Schließlich wohnten ja nicht alle Arbeiter auf dem Ostufer; der größte Teil ließ sich abends nach getaner Arbeit per Fähre hinüber zum Westufer bringen, wo der Menschenstrom dann in zwei Richtungen auseinanderquoll: Einmal strebten viele dem Gängeviertel auf dem Kuhberg zu, andere gingen mit ihren Kumpeln die Brunswiker Straße hoch zur Jungmann-, Annen- oder Schauenburgerstraße. Dadurch, daß das Ostufer fortlaufend städtischer Bestandteil wurde, ließ die Stadt die Fährverbindungen erheblich verbessern. Sie gab bei Howaldt den Bau von drei großen Fähren für Personen- und Fuhrwerksverkehr in Auftrag. Seit 1. August 1908 kreuzten sie in Abständen von etwa fünf Minuten den Hafen von der Südecke des Bootshafens hinüber zur Fährstraße zwischen Kaiserlicher Werft und Germania-Werft. Die Anzahl der Ringe am Schornstein kennzeichnete »Primus«, »Sekundus« und »Tertius«. Primus und Tertius versahen bis zum zweiten Weltkrieg ihren Dienst, während Sekundus schon vorher aus dem Verkehr gezogen wurde.

Blick vom Westufer der Hörn hinüber zur Germania-Werft

Die Schulstraße/Ecke Augustenstraße um 1905 ▷

Eine 1909 gebaute Schwebefähre verband bis 1923 die Kaiserliche Werft mit der dazugehörigen jüngeren Nordwerft. Beide Werftgebiete wurden durch ein großes Wasserbassin voneinander getrennt ▷

Maass
Buchdruckerei

Der Stadtverwaltung verlangte der flächenmäßige Zuwachs eine Menge Arbeit und Verhandlungszeit ab; der Kreis Plön, zu dem Gaarden-Ost zuvor gehörte, sprach sich jahrelang entschieden gegen Kiels Eingemeindungspläne aus. Gaarden, mit der Zeit zu einem potenten Steuerzahler herangewachsen, hätte bei einer Einbeziehung zum Kieler Stadtgebiet den wirtschaftlichen Interessen Plöns widersprochen. Alle Proteste Plöns halfen nichts. Kiel faßte 1901 zum ersten Mal festen Fuß auf dem Ostufer. Die Einwohnerzahl der Stadt kletterte durch die neuen 13823 Bürger auf immerhin 121790. Der Landzuwachs allein lohnte sich schon. Die neue Stadtgrenze verlief 1901 mitten durch die Kaiserliche Werft und den Werftpark (das nördliche Ellerbek kam erst 1910 zu Kiel), durchschnitt dann die Kiel-Schönberger Eisenbahnlinie und zog in einem Bogen bis zur Sophienhöhe an der Preetzer Chaussee hin. Dort umfaßte sie bis zum Langsee ein ansehnliches, unbebautes Gebiet, das erheblich größere Ausmaße als die gesamte Altstadt zeigte; vom Langsee her lief die Grenze südlich der Preetzer Chaussee bis an das alte Stadtgebiet an der »Kippe«. Leichteres Spiel hatte die Stadt mit dem Kreis Bordesholm, der der Eingemeindung von Gaarden-Süd für 1910 zustimmte.

Stapellauf bei Howaldt. Rechts der 1902 in Betrieb genommene Riesenkran von vierundvierzig Meter Höhe

Die Stevenschmiede der Howaldtswerft um 1905 ▷

Das spätere Schwanenseeparkgebiet um 1910. Der Park wurde erst 1918 angelegt ▷

Das Jahr 1910 sollte Kiel in guter Erinnerung bleiben. Unter der Ägide von Oberbürgermeister Fuß gewann Kiel außer Gaarden-Süd das Ostufer bis zur Schwentine (d. h. Ellerbek und Wellingdorf) und Hassee sowie Hasseldieksdamm auf dem Westufer. Die nächste große Eingemeindungswelle ließ noch sechzig Jahre auf sich warten. Nachdem zwischen 1910 und 1970 dreizehn Eingemeindungen die Stadtfläche vergrößerten, kamen unter Oberbürgermeister Bantzer 1970 auf einen Schlag gleich sieben (meist südliche Gemeinden) zur Landeshauptstadt des nördlichsten Bundeslandes.

Blick auf den Schloßeingang von der Schloßstraße aus (um die Jahrhundertwende). Links die Burgstraße; rechts die heute nicht mehr vorhandene Kattenstraße, auf deren ursprünglichem Gebiet heute ein Teil der Eggerstedtstraße und des Konzerthallenbaues liegen

Der Kiliabrunnen auf dem Schloßhof (vor 1918). Die bronzene Figur des Bildhauers Lürssen war ein Geschenk der Stadt Kiel an Prinz Heinrich von Preußen. Nach der Revolution 1918 nahm er sie auf das Gut Hemmelmarck bei Eckernförde. Dort steht die Plastik heute noch am Ende einer Allee, allerdings an einigen Details leicht lädiert

Die Figurengruppe »Schleswig-Holstein« verkörperte zugleich Ackerbau und Fischerei. Sie wurde im zweiten Weltkrieg eingeschmolzen

Die 1876 von Gropius und Schmieden gebaute Universität im Schloßgarten wurde im zweiten Weltkrieg zerstört, die Ruine im Herbst 1954 abgetragen. Vor dem Gebäude das Reiterstandbild Kaiser Wilhelms I. mit den bronzenen Figuren »Schleswig« und »Holstein« (geschaffen von Adolf Brütt 1896). Im Granitsockel sind zwei Bronzereliefs eingearbeitet, die die Schlacht bei Eckernförde bzw. die Grundsteinlegung des Nord-Ostsee-Kanals beschreiben. Rechts blau-weiß uniformierte Matrosen, die während der Wilhelminischen Ära Kiels Straßenbild mitbestimmten ▷

Zurück auf das gegenüberliegende Westufer: Nördlich des Schlosses, im Schloßgarten, saßen seit 1876 in der von Gropius und Schmieden erbauten »Uni« die Musensöhne. Die Kieler Universität stand seit 1665 als eine der wichtigsten Einrichtungen des Landes Schleswig-Holstein im Mittelpunkt der Landeskultur. Sie durchlebte in vergangenen Jahrhunderten oft sorgenvolle Zeiten wegen der zu geringen Studentenzahlen. Um so verständlicher die Freude, als sich der tausendste Student an der Christiana Albertina immatrikulierte. Die Studentenschaft honorierte diese Jubiläumszahl am 28. Mai 1900 im Saal der »Waldwiese« mit einem üppigen Fest bei schäumendem Bier und fröhlich-zünftigem Kommersgesang. Scharen von Studenten und Akademikern strömten in den Festsaal, dessen Balkons mit bunten Flaggendraperien geschmückt und vorwiegend für die Weiblichkeit reserviert waren. Die feierliche Eröffnung besorgte Oberbürgermeister Paul Fuß mit eine Festrede, wobei er darauf hinwies, daß Kiel um 1900 den Ruf einer Stadt der »runden Zahlen« bekam. Zum ersten wäre die Jahrhundertzahl rund, zum zweiten die Einwohnerzahl vor der Jahrhundertwende auf hunderttausend gestiegen, und letztlich studierte auch noch der tausendste Student in der Hafenstadt. Weil die beiden ersten runden Ziffern von der Stadt in keiner Weise gefeiert wurden, strengte man sich an, der dritten Zahl alle Ehre zu bereiten. Daran anschließend das bei Großveranstaltungen übliche Hurra auf den Kaiser, das gemeinsame Absingen der Nationalhymne und ein nicht gerade armseliges Büfett, und da es sich um eine Feier zu Ehren der Studenten handelte, kam das Trinken nicht zu kurz. Als erstes offizielles Lied stimmten die Studiosi Goethes feuchtfröhliches »ergo bibamus« an. Musikstücke, Kommerslieder und das Motto »gaudeamus igitur« sorgten für eine rauschende Ballnacht.
Fremde Studenten, die nach Kiel kamen, fühlten sich hier ausgesprochen wohl. Sie fanden in den Kieler Familien, bei denen sie sich eingemietet hatten, freundliche Aufnahme, und die Wirtinnen versorgten ihre möblierten Gäste fast wie Mütter. Außerdem war die Fördestadt für ein Studentenleben kein teures Pflaster, das den väterlichen Monatswechsel im Nu auffraß: In vielen Lokalen gab es ein preiswertes Essen schon für sechzig Pfennig. Für diesen Betrag konnte man direkt »fürstlich« speisen: zum Beispiel Eisbein mit Erbsen und Sauerkraut, das vielfach derart reichlich auf den Tisch kam, daß nur die besten Esser voll und ganz damit fertig wurden. Dazu, allerdings kostenlos, stand auf dem weißgedeckten Tisch ein gefüllter Brötchenkorb. Niklas Nothnagel erinnerte sich in der Volkszeitung am 29. Mai 1965: »Eine liebenswerte Gewohnheit einiger Musiklokale damals war es übrigens, ihren Stammgästen aus der Schar der Musensöhne ein Getränk zu besonders vorteilhaften Bedingungen zu kredenzen. Man mußte nur ein ›Stamm‹ verlangen und bekam vom Kellner ein Glas Bier, welches nur unwesentlich kleiner, dafür aber um ein Viertel billiger war als das übliche Maß.«

In dieser Schatulle wurden die Gründungsdokumente der Universität aufbewahrt. Sie zeigt im Uhrzeigersinn die Zeichen der damals nur vier Fakultäten: Theologie, Rechtswissenschaften, Philosophie und Medizin

In der »Waldwiese« feierte die Universität im Mai 1900 ihren tausendsten Studenten

Nachdem der Magen abends voller und das Portemonnaie leerer war, ging es heimwärts. Dazu nahm man sich genügend Zeit; denn die Nacht lag ja noch vor einem. Es wurde auf dem Heimweg manch Kieler aus dem Schlaf gerissen, wenn mitunter lautstarke Studentenlieder aus Bierkehlen durch die Straßen hallten. Bei großem Krakeel schaute man neugierig aus dem Fenster, blickte aber nur in eine finstere Straße; denn in ihrem Rausch bestiegen die Krachmacher oft gasgespeiste Laternenpfähle und legten ganze Straßenzüge dunkel.
Tagsüber ging es wieder zum Schloßgarten hinunter. Man blickte jungen Mädchen nach und sah zugleich ein wenig mißmutig auf die spazierengehenden Offiziere – harte Konkurrenten der Studenten, wenn es um die Gunst der Frauen ging. Also blieb ihnen oftmals nichts weiter übrig, als sich in der Uni hinter einem Bücherberg zu verschanzen oder in eine Vorlesung zu setzen. Wie sollte man aber geistig arbeiten, wenn zur gleichen Zeit draußen auf dem Hafen Ruderer und Segler herumgondelten und das Wetter oft zu allem anderen als zum Studieren anregte. Dieser Überlegung folgend setzten

Der Eingang der Universität mit den vier Gelehrten (v. l. n. r.): Platon, Solon, Hippokrates und Aristoteles

sich viele Hochschüler in den Schloßgarten und brüteten dort vor sich hin. Kamen dort ein, zwei oder mehrere Kommilitonen zusammen, blieb die »Blödelei« nicht aus. Als beliebteste Spottzielscheibe hielten die vier Gelehrten vor dem Eingang des Unigebäudes her. Ihnen hatte man aufgrund ihrer Haltung und ihrer Gesichtsausdrücke ein imaginäres Gespräch angedichtet, das etwa folgendermaßen verlief: Platon (geradeaus in den Schloßgarten schauend): »Finden Sie nicht, meine Herren, daß hier ein etwas verdächtiges Aroma herrscht?«

Hippokrates: »In der Tat, Herr Kollege, ich machte auch bereits diese Beobachtung. Schließlich gehört es ja zu meinem Beruf.«

Solon zeigte mit der ausgestreckten Rechten auf die Treppe hinunter: »Sehen Sie doch, da liegt eine gewisse Substanz, in welcher wir ohne Frage die Ursache der besagten Wahrnehmung vor uns haben.«

Darauf Aristoteles: »Ihre unfeinen Anspielungen möchte ich überhört haben. Immerhin ist mir in dieser Hinsicht nichts nachzuweisen.«

Dem Schloßgarten am Hafen schräg gegenüber lag das Restaurant Seegarten, nicht gerade modern, dafür aber gemütlich. Hier kehrte man gerne ein, um im Garten eine Tasse Tee oder Kaffee zu trinken, wenn der gewünschte Dampfer an den Seegartenbrücken noch nicht angelegt hatte. Von ein bis drei Uhr servierte man im Seegarten das Dinner à Kuvert zu 1,50 Mark, abends das Souper à Kuvert zu zwei Mark. Daneben gab es eine reichhaltige Tages- und Abendkarte.

Inzwischen staute sich die Menschenmenge auf den Seegartenbrücken. Die schwarzen NDC-Dampfer, Schiffe der »Neuen Dampfer Companie«, fuhren bis Laboe, Strande oder rund um das Feuerschiff Kiel. Besonders bei guten Sommersonntagen quollen die Hafendampfer, vor allem der bequeme Ausflugsdampfer »Hollmann«, über. Viele stiegen noch an der Reventlou- oder an der Bellevuebrücke zu, um sich auf der Fahrt eine Brise frischer, salziger Meeresluft ums Gesicht treiben zu lassen. Es ging an den Jachten in Düsternbrook und am Marinehafen in der Wik vorbei nach Möltenort oder Laboe; ruhige, beschauliche Dörfer an der östlichen Außenförde, wo außer den weiten Stränden auch noch Konzerte in den Strandpavillons lockten.

Was das Badeleben anbelangte, es zeigte sich damals allein von der Kleidung her sehr viel befangener als heute. Nur wenige konnten sich mit Schwimmkenntnissen ins (noch saubere) kühle Naß wagen.

Die Wasserallee um die Jahrhundertwende. Von hier bis zur Höhe Seeburg befuhr die elektrische Straßenbahn auf ihrem Weg nach Düsternbrook eine eigene Rampe. Rechts der Schloßgarten

Strandleben um die Jahrhundertwende in Laboe ▷

An den Seegartenbrücken liegen die Dampfer der »Neuen Dampfer Companie«; links das 1936 abgebrochene Gartenrestaurant Seegarten (um 1905)

Ein Schiff der »Blauen Linie« an der Reventloubrücke (um 1910) ▷

Das im Juli 1900 eingeweihte Denkmal zu Ehren Herzog Friedrichs VIII. am Düsternbrooker Weg

Die NDC verfügte 1911 über neunundzwanzig Dampfer und zwei Leichter, eine Flotte also, die seit dem Gründungsjahr 1887 fast um das Dreißigfache angewachsen war. 1887 führte die Companie ihre Passagierbeförderungen nur mit einem bereits gebrauchten Dampfer durch. Die Idee, die NDC ins Leben zu rufen, faßten 1886 der Geheime Kommerzienrat Sartori, Kaufmann Seibel, Apotheker Rüdel, Rentner Behnke, Kaufmann Leopold, Gebr. Howaldt, der Kaiserliche Baudirektor Geh. Rat Liesegang und der damalige Landrat und spätere Landeshauptmann von Graba. Sie wollten mit ihrem ersten Dampfer, dem seit dem 1. Januar 1887 umherschippernden »Klaus Groth«, eine regelmäßige Verbindung zwischen Kiel und der Holtenauer Kanalmündung schaffen. Der Plan erwies sich als goldrichtig; denn das Unternehmen wuchs rapide. Schon 1888 konnte das östliche Fördeufer bedient werden, und bald teilte das Direktorium den Betrieb in zwei Linien ein: eine westliche verkehrte stündlich zwischen Kiel, Holtenau, Friedrichsort und Kiel; die östliche führte über Kitzeberg, Alt-Heikendorf, Möltenort, hinüber nach Friedrichsort, dann nach Laboe und zurück zum Seegarten. Diese Fahrtrouteneinteilung erwies sich bald als unpraktisch; 1907 wurde eine direkte Verbindung Kiel–Laboe eingerichtet, und zwar auf der das ganze Jahr verkehrenden Hauptlinie mit Friedrichsort als Zwischenstation; eine zweite, während der Hauptausflugsperiode unterhaltene Sommerlinie legte bei den Ostuferstationen sowie Kitzeberg und Möltenort an. Die grundlegende Neuerung aber war, daß die planmäßige Fahrgastbeförderung zwischen den Stationen der Binnenförde in einem Rundfahrtverkehr abgewickelt wurde.

Es gab in Kiel noch zwei weitere Dampferlinien: die Weiße Dampferlinie, die seit 1905 von der Innenstadt bis nach Falkenstein fuhr, und die Blaue Linie, die vom Seegarten die Verbindung nach Neumühlen-Dietrichsdorf hielt. Die Dampfer der Blauen Linie trugen außer »Georg« (1890), »August« (1898), »Heinrich« (1899) und MS »Ludwig« (1935) alle Mädchennamen. Zunächst bekamen die Schiffe des Linienbesitzers Hansen einen schwarzen Anstrich. Da aber auch die NDC-Dampfer schwarz waren, bestiegen viele Fahrgäste oft irrtümlich das falsche Schiff. Zur besseren Unterscheidung ließ Hansen seine Dampfer dann zur Blauen Linie werden. Für ihn erwies sich der Ausbau der Howaldtswerke als günstig, weil er das Gelände an der Dietrichsdorfer Anlegebrücke besaß. Von hier aus konnten alle nicht auf dem Ostufer wohnenden Arbeiter hinüber nach Hause fahren. Die Blaue Linie wurde am 1. Oktober 1965 als letzte in Privathand befindliche Personenverkehrslinie der KVAG angegliedert.

Unten, am Anfang der Reventloubrücke (an der die Blaue Linie seit 1907 auch haltmachte), betrieb Rempka ein Segel- und Ruderbootsverleihgeschäft. Schwierigkeiten bekam der Gute eines Tages, als sich einige »Sprachgelehrte« an dem ausgestellten Schild »Bööte« stießen. Sie plädierten für »Boote«. Andere wiederum beriefen sich auf weitere, nicht weniger umstrittene Versionen. Was sollte sich Rempka als Geschäftsmann nun an Sprachzwistigkeiten stören? Um es allen recht zu machen, bepflasterte er den Weg mit Schildern, die mit »Booten«, »Bööten«, »Boten« und »Böten« warben. Neben der Reventloubrücke gab es eine Reihe von Stegen und Pollern, die für die Segelboote der Marineakademie bestimmt waren. Hier begann das für Kiel typische Segelrevier, das sich weit nach Norden hinzog. Es galt zugleich als Repräsentationsgebiet während der Kieler Woche und großer Empfänge, zudem auch als Kiels vornehmes Villenviertel. Verständlich, daß die Obrigkeit gerade in Düsternbrook zahlreiche Standbilder errichten ließ: Im Garten der Marineakademie stand der Große Kurfürst, im Garten des KYC-Klubheims ein Standbild Krupps, und am Berghang des Marienhains in Düsternbrook wurde am 20. Juli 1900 ein Standbild Herzog Friedrichs VIII. feierlich enthüllt. Herzog Friedrich forderte 1863/64 die Loslösung Schleswig-Holsteins von Dänemark. Trotz größter Hitze und herrlichstem Hochsommerwetter füllten sich um die Mittagszeit des Denkmaleinweihungstages die in der Sonne aufgestellten Tribünen in Windeseile. Oberhalb des Standbildes, im Gehölz selbst, schauten scharenweise und dichtgedrängt all diejenigen zu, die nicht durch Festkarten geladen waren. Sie hatten es durch die schattenspendenden Bäume auf ihren kostenlosen Logenplätzen wesentlich besser; denn die große Hitze machte vor allen Dingen den feinen Damen zu schaffen. Sie trugen alle dunkle Kleider

und flüchteten in den Schatten. Bald schmetterten Fanfarenklänge über den Festplatz und kündigten das Erscheinen der Kaiserin an, die von Prinz Heinrich und ihren Söhnen Prinz Eitel Friedrich und Adalbert begleitet wurde. Sie schritt über das Gebiet der Kruppschen Seebadeanstalt und legte bei der Besichtigung an den Stufen des Standbildes einen Kranz nieder. Erst nachdem sich die Kaiserin das Denkmal angeschaut und Oberbürgermeister Fuß zum Leidwesen der in der Sonne Sitzenden eine ellenlange Dankesrede gehalten hatte, durften sich die geladenen Gäste zur Denkmalbesichtigung erheben.

In der ehemaligen Marineakademie (1888 eingeweiht) hat heute das Innenministerium seinen Sitz

Torpedoboote an der Blücherbrücke

SEEBADE

Hinter dem Klubhaus des KYC ließ Krupp 1900/01 am Strandweg ein vornehmes Hotel für nicht weniger vornehme Gäste errichten, das »Kruppsche Logierhaus«. Es wurde pünktlich zur Kieler Woche 1901 fertig, wobei Krupp selbst voller Stolz den Kaiser durch sein neues Haus führen durfte. Im Juni 1904 enthüllte Seine Majestät vor der Kruppschen Seebadeanstalt ein Denkmal zu Ehren des Industriebesitzers. Während der gesamten Kieler Woche spielte sich das Repräsentationsgeschehen vorwiegend im Rathaus, auf dem Wasser oder in Düsternbrook ab. Das »gemeine Volk« kam, wenn es sich in das vornehme Villenviertel überhaupt traute, in Sonntagskleidern – und das während der Kieler Woche auch an ganz normalen Wochentagen. Man bestaunte Kreuzer und Linienschiffe an der Blücherbrücke, reckte sich schier den Hals aus, um eine bekannte Persönlichkeit zu sehen, oder wartete auf die Ankunft des Kaisers. Das beste Panorama sicherten sich viele vom Aussichtspunkt Bellevue, unterhalb des gleichnamigen vornehmen Hotels. Von hier aus konnte man mühelos den gesamten Hafen von der Kanaleinfahrt bis zum Innenhafen überblicken. War hier schon alles durch dicke Menschentrauben besetzt, versuchte man, sich am Strandweg im Menschenauflauf in die vorderen Reihen zu drängen.

Das Bild war zu jeder Kieler Woche gleich, wenn der Kaiser erwartet wurde: Auf dem Wasser lagen die grauen Schiffskolosse der Marine – Wilhelms »schwimmende Wehr« –, am Ufer stand das Volk in einer dichten langen Reihe. Dann aufgeregtes Brummeln und Reden der vorne Stehenden. Sie sahen bereits die »Hohenzollern«, die sich langsam aus der Kanaleinfahrt in den Hafen hineinschob. Vereinzelte Hurrarufe. Alles starrte gespannt auf die Förde, auf die sich nähernde »Hohenzollern«. Plötzlich blitzte es auf jedem der Marineschiffe auf. Und wieder. Wie Gewitter ohne Donner, so schien es. Dann aber erdröhnte die gesamte Hafenlandschaft unter den Salven des Kaisersalutfeuers. Ein dicker Pulverdampfschleier hüllte die »Hohenzollern« ein, während auf den Kriegsschiffen die Mündungsfeuer der Schiffsgeschütze immer noch blitzten und die rollenden Salven weiter bebten.

◁ *Während der Kieler Woche vielbesuchte Promenade: Kiels Strandweg (um 1910). Links die »Kruppsche Seebadeanstalt«, das Klubheim des KYC. Im Juni 1904 enthüllte Kaiser Wilhelm II. davor ein Denkmal zu Ehren Krupps*

◁ *Seit 1920 ist das 1901 gebaute »Kruppsche Logierhaus« Sitz des Instituts für Weltwirtschaft*

Seit Mai 1906 zeigte sich das neueröffnete Hotel Bellevue im Louis-XVI.-Stil

Der Kaiser auf der Hohenzollern

◁ *Kaisersalut bei der Ankunft des Staatsoberhauptes*

◁ *Abfahrt des Königs von Sachsen nach der Kieler Woche 1908 (27. Juni 1908)*

◁ *Ankunft der Kaiserin (28. Juni 1908)*

Am Strandweg, Kiels heimlicher Hauptstraße während der Festwoche, drängte sich alles noch dichter zusammen; denn die »Hohenzollern« hatte Pulverdampf und Linienschiffe passiert. Auf der Brücke des Schiffes erkannten die vorne Stehenden mehrere Personen. Unter den an Bord befindlichen Menschen ging jemand mit einer weißen Mütze auf und ab. Aufregung. Murmeln. Das müßte er sein. Er war es. Ein kleiner Junge wurde gerade von seiner Mutter hochgehoben. Aufgeregt zappelte er über den Köpfen der anderen: »Wo ist er denn?« – »Sieh doch genau hin! Der mit der weißen Mütze!« Hurrarufe überall, »wo es sich irgend machen ließ«. In der Kieler Woche häuften sich dafür die Möglichkeiten. Dann ging das Seglertreffen erst richtig los mit seinen Banketten, Empfängen, Flottenbesuchen und Flottenparaden. Kiel stand eine Woche lang im Mittelpunkt des internationalen Interesses, was sich häufig durch den Besuch fremdländischer Flotten widerspiegelte. Für das neue Deutsche Reich nahm Kiel die Rolle der Marinestadt schlechthin ein, in der neben Engländern, Dänen, Schweden, Italienern, Österreichern und Griechen am meisten russische Schiffe zu sehen waren! Erklärlich durch die verwandtschaftlichen Beziehungen zwischen dem deutschen Kaiser und dem russischen Zarenhaus. 1901 stattete Zar Nikolaus II. Kiel höchstpersönlich einen Besuch ab. Andere Städte blickten neidisch auf die Entwicklung der Kieler Woche. Das Wilhelmshavener Tageblatt forderte 1908: »Der Kaiser sollte nur die ganze Kieler Woche auffliegen lassen. Sie koste dem Land Millionen.« Tatsächlich fieberten die Wilhelmshavener aus strategischen Gründen schon seit Jahren nach einer Verlegung der Flotte in die Nordseestadt. Sie meinten, daß die Flotte nur in Kiel läge, um den Seeoffizieren die Ausübung des Sportes zu ermöglichen. Um sich aber nicht ganz den Zorn der Fördestädter aufzuhalsen, betonte das Tageblatt, daß die Kieler selbst für die Entwicklung nichts könnten: sie hätten weder den Hafen gebaut noch die Flotte geholt und auch nicht die Kieler Woche ins Leben gerufen.

Alle Polemik half nichts. Die Kieler Woche blieb dort, wo sie bereits seit 1882 durch Initiative Hamburger Kaufleute regelmäßig stattfand: in Kiel – und der Marine konnte auch kein Vorwurf gemacht werden; denn Art. 53 der Reichsverfassung vom 16. April 1871 bestimmte die Kieler Förde eindeutig zum Reichskriegshafen. Der Name »Kieler Woche« tauchte erstmals 1894 in der Kieler Zeitung auf. Schon damals besuchte sie der Kaiser regelmäßig und nahm mit seiner »Meteor« an den Regatten teil. Er und seine Gemahlin wurden jedesmal aufs herzlichste begrüßt, wenn sie in das flaggengeschmückte Kiel kamen. Unbestritten stand der Kaiser im Mittelpunkt des Geschehens, und zwar derart, daß sogar eine Regatta den Namen »Kaiserregatta« führte. Das Volk lobte das »Kaiserwetter«, wenn es sich von seiner besten Seite zeigte. Die Bevölkerung selbst war sonst nicht an den Festlichkeiten beteiligt, außer daß sie bei Paraden und Einweihungen als Zuschauerpublikum fungierte. Sport und Spiele für den Kieler Bürger gab es nicht, segeln konnten nur die Begüterten. Allein der Preis für ein Hotelzimmer im Kruppschen Logierhaus klang für den Normalbürger utopisch: 25 Mark kostete es während der Kieler Woche. 1904 besuchte König Eduard VII. von England mit einem großen Geschwader die Reichskriegshafenstadt, 1908 der sächsische König, 1913 war das italienische Königspaar zu Gast.
Als Hauptträger der Regatten schufen sich der Kieler Yacht-Club (KYC) und seit 1904 außerdem die Kieler Seglervereinigung (KSV) einen Namen. Als 1912 der KYC (sprich: Küz) sein fünfzigjähriges Bestehen feierte, war Wilhelm II. anwesend und hielt eine Ansprache beim Festessen.
Im gleichen Jahr landete das Luftschiff »Viktoria Luise« auf dem Sport- und Spielplatz. Eines der Hauptereignisse der Kieler Woche. Die Kieler Zeitung meldete ihren Lesern die Ankunft des Zeppelin-Luftschiffes für Sonnabend, den 22. Juni 1912, gegen elf Uhr. Unabhängig vom blendenden Wetter waren die Kieler an dem Tag sehr früh wach. Sie besetzten alle Straßen, Plätze und Hafenbrücken, die einigermaßen guten Ausblick versprachen. Gerade zehn Uhr vorbei, glaubten einige, ständig die »Viktoria Luise« zu sehen. Alles blickte gespannt nach Westen; denn aus Hamburg sollte sie kommen; einige schrien manchmal aufgeregt »Zeppelin kommt!«, deuteten zum Horizont, aber die Momentbeobachtung entpuppte sich meist doch nicht als der erwartete Luftkreuzer, sondern nur als kleine Trübung. Im Handumdrehen wimmelten alle begehbaren Dächer von Schaulustigen, und als die ersten das Luftschiff erkannten, posaunten sie es von oben her aus, so daß unten alles überstürzt zu den Aussichtsplätzen und auf die Straßen rannte. Herren hielten ihre Hüte fest, Röcke der Damen flogen hoch, man ließ Arbeit Arbeit sein. »Dort ist er ja, in Richtung Bordesholm«, schrie einer mit dem Fernglas. Gleich stand alles um ihn herum und wollte mit hindurchschauen. Und richtig, noch weit über den Waldhöhen des Vieburger Gehölzes schob sich ein kleiner schwarzer Strich in Richtung Kiel.
Fünf Minuten vor elf Uhr. Die »Viktoria Luise« schwebte bereits über dem südlichen Stadtteil. Das leichte Surren der Propeller kam der Innenstadt ständig näher. Ganz deutlich konnte man dabei Einzelheiten des schmucklosen, grauen, 148 Meter langen Schiffskörpers sehen: Am Bug stand in großen Buchstaben der Name der Kaisertochter, am Heck flatterten die deutschen Farben, und aus der Passagierkabine, die immerhin zwanzig Personen fassen konnte, winkten vereinzelt Fahrgäste aus dem Fenster. Unten kamen viele aufgeregt angelaufen und schwenkten mit allem, was ihnen in die Hände kam, mit Tüchern, Hüten, Mützen und Blumen. Auf den Schulhöfen drängelten sich die jubelnden Kinder. Haarscharf am Rathausturm vorbei, setzte die »Viktoria Luise« ihre Fahrtroute zunächst nach Düsternbrook, über dem Düvelsbeker Gehölz, der Baumschule nach Friedrichsort fort, schwenkte zurück zum Kriegshafen, wo sie über der Kaiserlichen Yacht »Hohenzollern« hinüber zur Kaiserlichen Werft flog. Von dort ging es zurück in Richtung Rathausturm und noch einmal zur »Hohenzollern«; um zwölf Uhr heimwärts nach Hamburg. Einen Tag später, am 23. Juni 1912, traf die »Viktoria Luise« auf einem Flug von Hamburg nach Flensburg nochmals in Kiel ein. Sie landete gegen neun Uhr auf dem Flugplatz und konnte als besonderes Abschlußbonbon der Kieler Woche und der gleichzeitig laufenden Flugwoche bis zum späten Vormittag von jedermann besichtigt werden. Endlich war die Kieler Woche ein bekannter, internationaler Begriff geworden. Grund genug, sie noch repräsentativer, noch glanzvoller zu gestalten. Für das Jahr 1914 hatte sich der englische König mit einem Geschwader von vier Schlachtschiffen und drei Kreuzern angekündigt. Das Geschwader, gerade von Reval und Kronstadt kommend, lief am 23. Juni 1914 in Kiel ein. Wie in den vergangenen Jahren gaben üppige Bordfeste für die Damen und Herren der »Gesellschaft« sowie unzählige Empfänge der Kieler Woche ihr glanzvolles Gepräge. Da schlug am 28. Juni jene Nachricht wie eine Bombe ein, daß der österreichische Thronfolger mit seiner Gemahlin in Sarajewo ermordet worden sein sollte. Die Kieler Zeitung druckte am Abend der Schreckensnachricht ihren ersten Bericht dazu ab: »Die erste Nachricht von der Ermordung des Erzherzogs traf von dem deutschen Konsul aus Sarajewo auf der ›Hohenzollern‹ ein. Der Kaiser sowie Prinz und Prinzessin Heinrich von Preußen mit ihren Gästen befanden sich um diese Zeit auf dem Regattafelde. Die ›Meteor‹ mit dem Kaiser an Bord lag in der Nähe von Gabelsflach, so weit von Bülk entfernt, daß eine Übermittlung der Nachricht durch Signale ausgeschlossen war. Als der Chef des Marinekabinetts, Admiral von Müller, auf der ›Hohenzollern‹ die Nachricht erhielt, bestieg er sofort das Schnellboot ›Hulda‹ und fuhr zum Kaiser hinaus. Der Kaiser wurde durch die Trauerkunde tief erschüttert. Er gab sofort die Teilnahme an der Regatta auf und gab Befehl, nach Kiel zurückzukehren.

Der Kronprinz auf dem Holstein-Spielplatz ▷

Prinz Heinrich von Preußen auf dem Flugplatz in Holtenau ▷

Landung der »Viktoria-Luise« auf dem Sport- und Spielplatz (heute Nordmark-Sportfeld) zur Kieler Woche 1912 ▷

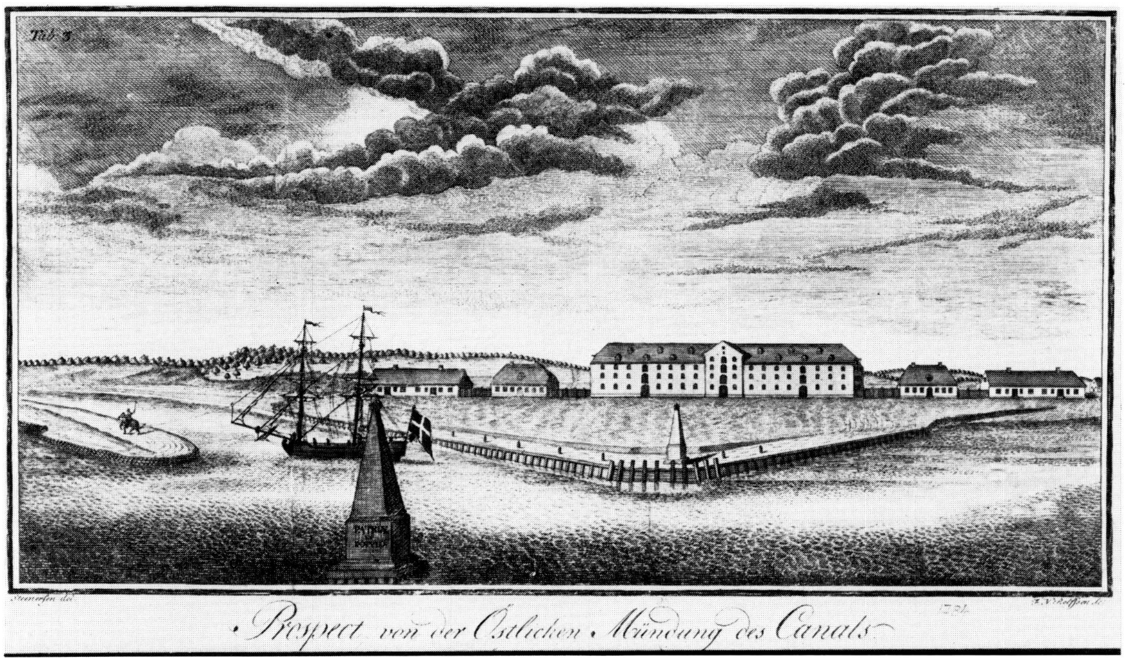

Kanalmündung mit altem Eider-Kanal-Packhaus (heute im Besitz der Holzfirma Grimm); es wurde um 1780 gebaut

◁ *Der Kieler Hafen von Ellerbek (Kaiserliche Werft) (Howaldt) aus gesehen mit der Marineflotte und dem Postdampfer Kiel–Korsör*

◁ *Der Leuchtturm Holtenau birgt im achteckigen Unterbau eine Gedenkhalle. Drei Tafeln für Kaiser Wilhelm I. (1887), Friedrich III. (1888) und Kaiser Wilhelm II. (1895) berichten von der Grundsteinlegung sowie von den Einweihungsfeierlichkeiten am Kanal. Rechts das am 25. Juni 1900 eingeweihte Kaiser-Wilhelm I.-Denkmal*

Dampffahrzeuge sorgten dafür, daß die Segler verständigt wurden. Nur den Fünfzehner-Jachten, die weitab lagen, konnte keine Nachricht gegeben werden. Auf allen Kriegsschiffen war die Flagge als Zeichen der Trauer gesenkt. Die englischen Schiffe waren diesem Beispiel gefolgt. Die Festlichkeiten wurden abgesagt. Auf fünf Uhr nachmittags war zu Ehren der englischen Offiziere im königlichen Schloß eine Festlichkeit angesetzt, die ebenfalls unterblieb. Die Kieler Woche – die letzte vor dem ersten Weltkrieg – brach jäh auseinander. Kaiser und Kaiserin reisten nach Berlin ab, die Wettfahrten wurden nur schwach fortgesetzt, und am 30. Juni verließ auch das englische Geschwader den Hafen.
Der Hafen bot nicht nur während der Kieler Woche Interessantes. Ging man tagsüber den Strandweg entlang, beobachtete man die Segler; ging man abends in die Hafengegend, konnte man den Postdampfer der Linie Kiel–Korsör sehen und die Uhr danach stellen; denn seine Pünktlichkeit galt als beispielhaft. Ging man aber zum Kanal, konnte man sicher sein, hier immer Schiffen fremder Nationen zu begegnen. Seit April 1904 verkehrte sogar eine Omnibuslinie zwischen Kiel–Kopperpahl–Suchsdorf zum beliebten Kanalausflugsort Margarethental. Laufen war billiger; denn der Fahrgast mußte zwanzig Pfennig nach Levensau berappen und abends sogar das Doppelte zahlen.
Der Nord-Ostsee-Kanal floß erst seit 1895 durch Schleswig-Holstein. Eine Wasserverbindung zwischen beiden Meeren – das war ein Menschheitstraum, der wohl schon seit der Wikingerzeit wahr werden sollte. Die Wikinger freilich fuhren noch derart leichte Schiffe, das sie sie auf Rädern von einem ins andere Meer bringen konnten. Die Per-Rad-Methode konnte bei den später gebauten, behäbigen Hansekoggen natürlich nicht mehr angewandt werden. Seitdem geisterten die verschiedensten Kanalbauprojekte durch viele Köpfe. Erst im Oktober 1784 setzte man einen gewaltigen Schritt nach vorne: Über dreitausend Arbeiter schufen binnen sieben Jahren mit Hacke, Spaten, Schaufel, Schubkarren und Pferdegespann den Eider-Kanal – ein für seine Zeit ungemein bedeutendes Werk. Schiffe wurden größer und tiefer, der Eider-Kanal mit der Zeit zu klein. Abermals ersann man die verschiedensten Baupläne für eine neue Wasserstraße. Neben den vielen Ideen sorgten die Streitereien vieler Städte um die Trassenführung für Spannung. Rendsburg bestand auf der Linie Eckernförde–Rendsburg–Brunsbüttel, Kiel hingegen sah sich als künftiges Kanalostende. Der Dritte im Bunde war Eckernförde mit einer Eckernförde–Schleswig–Husum-Version. Man entschied sich für Kiel, als 1885 Bismarck einen Gesetzesplan für die Kanalherstellung vorlegte: 156 Millionen Mark, wobei das Land Preußen 50 Millionen beisteuern sollte. Der Einsatz von 56 Trocken- und Naßbaggern, 90 Lokomotiven und über 2500 Kippwagen, die aus dem gesamten Reich zusammenge-

bracht wurden, konnte 82,2 Millionen Kubikmeter Erdboden binnen siebenjähriger Arbeit bewegen. Vom 19. bis 22. Juni 1895 wurde eine pompöse Kanaleinweihungsfeier arrangiert, an der der Kaiser und alle regierenden deutschen Fürsten teilnahmen. Zunächst feierte die Obrigkeit kräftig in Hamburg, dann startete Wilhelm II. mit der »Hohenzollern« zur Eröffnungsfahrt durch den Kanal, und die Feier ging in Kiel weiter. In Holtenau stand eine Festhalle in Form eines prächtigen Schiffes. Eine Militärkapelle hatte an der Schleuse Aufstellung gefunden und begrüßte jedes ausländische Schiff mit seiner Nationalhymne. Plötzlich gab es Schwierigkeiten: Ein türkisches Schiff näherte sich der Schleuse. Aber wo waren nur die Noten für die türkische Nationalhymne? Der Kapellmeister fand sie nicht. Blitzschnell kam ihm ein Einfall. Ein Blick auf die wehende Flagge, und der Dirigent gab der Kapelle das Zeichen für »Guter Mond, du gehst so stille«. Wenige Jahre nach der Kanaleinweihung besann man sich an die Grundsteinlegung durch Kaiser Wilhelm I., der in Kiel noch mit keinem Denkmal Würdigung fand. Das sollte in einer ohnehin auf Repräsentanz ausgerichteten Zeit nachgeholt werden. Als Termin wählte man den 25. Juni 1900. Der Leuchtturmhügel von Holtenau sollte ein sechzehn Meter hohes Kolossalstandbild des alten deutschen Kaisers in Generaluniform tragen. Der schlichte Sockelunterbau zeigte die Inschrift: »Wilhelm der Große«. Erst die »Zutaten« brachten das gesamte Standbild zur vollen Wirkung: Ein Gezack unbehauener Steinbrocken sollte an das wogende Meer erinnern, und zwei Sockelfiguren, den germanischen Kriegsgott und Odins Götterboten darstellend, saßen jeder auf dem Drachenbug eines Wikingerschiffes. Bereits am frühen Morgen des Einweihungstages zeigte sich an der Schloßbrücke in der Innenstadt reges Leben. Nach sieben Uhr legten dort fünf Dampfer an, um Damen in hellen Kleidern und Herren mit Zylindern und im Frack nach Holtenau zu bringen. Die Anwesenden konnten vor dem nicht weit entfernten Kaiserpavillon allerhand Prominenz beobachten: Gegen neun Uhr sah man die Staatsminister v. Tirpitz, v. Bülow, v. Rheinbaben, Studt und Staatssekretär Graf v. Posadowsky-Wehner, der als Vertreter des Reichskanzlers die Rede halten sollte. Kurz vor 9.30 Uhr näherte sich ein Dampfer mit Kaiserstandarte der Landungsbrücke. Die Soldaten der Ehrenkompanie präsentierten, und die unweit der großen Tribünen stehende Kapelle spielte »Heil dir im Siegerkranz«. Nach dem Anlegen des kaiserlichen Dampfers an der Brücke gingen v. Posadowsky, v. Tirpitz und der Präsident des Kaiserlichen Kanalamtes, Löwe, Seiner Majestät entgegen. Wilhelm II. schritt die Ehrenkompanie ab und begrüßte die Soldaten, die ihrerseits ein kräftiges »Morgen, Majestät« als Gruß verlauten ließen. Nach der Rede v. Posadowskys sank die Hülle des mächtigen Kaiserstandbildes, begleitet von einem dreifachen Hurra der Soldaten. Es folgte die Nationalhymne. Wilhelm II. betrachtete das zu Ehren seines Vaters gesetzte Denkmal mit großem Interesse. Erst nachdem er sich zu einer Besichtigung der Gedenktafeln im Holtenauer Leuchtturm zurückgezogen hatte, war auch dem übrigen Publikum das Beschauen des neuen Monuments gestattet.

Glanz und Gloria täuschten über Unzulänglichkeiten am Kanal nicht hinweg. Völlig unzureichend blieben die Verkehrsverbindungen noch im ersten Jahrzehnt. Besonders die Holtenauer brachten pausenlos berechtigte Klagen hervor, da die alte Pontonbrücke zwischen ihrem Gebiet und der Wik allen modernen Verkehrsanforderungen widersprach. Zunächst erwog man die Einrichtung von Dampf- oder Schwebefähren; beides kam nicht einmal ins Stadium der Planung. Schon am 8. Juni 1906 schrieb die KZ, daß das Reich bemüht wäre, den Beschwerden über die Unzulänglichkeiten der Kanalfähren Rechnung zu tragen. Auf weitere Nachricht sollten die Betroffenen aber noch zwei Jahre warten; denn erst im Mai 1908 meldete die KZ, daß sich die Kanalkommission des Reichstages mit einer Petition des Kreisausschusses des Kreises Ekkernförde über den Bau einer Holtenauer Hochbrücke beschäftigt hätte. Dabei wurde der Ersatz der Pontonbrücke durch eine Hochbrücke beschlossen, die »nach menschlicher Voraussicht für die Zukunft zu erwartenden Ansprüchen zu genügen hat«. Parallel zu den Kanalerweiterungsarbeiten, die schon seit 1907 in Gang waren, nahm man 1909 nach Plänen des Dipl.-Ing. Voß den Hochbrückenbau auf. Er konnte 1912 die Verkehrswünsche der Anwohner endlich befriedigen.

Die Kanalerweiterungen sollten nicht ohne organisatorische und finanzielle Behinderungen für den Schiffsverkehr in die Tat umgesetzt werden. Um so unangenehmer, wenn sich zu diesen Behinderungen noch Unvorhergesehenes gesellte. Eines dieser Ärgernisse, eine durch Unfall verursachte Kanalsperre, blieb noch lange Jahre Gesprächsthema Nr. 1 bei den Kanalanwohnern. Am 10. August 1909 fuhr der belgische Dampfer »Palomares« durch den Kaiser-Wilhelm-Kanal. Ungefähr um 13.20 Uhr stieß das Schiff anscheinend infolge eines Bedienungsfehlers an der Maschine in die sandige Böschung zwischen Knoop und der Levensauer Hochbrücke. Dabei schlug es sich ein Leck in die Wände und begann sofort zu sinken. Mit Leibeskräften versuchte der an Bord (jedes größeren Schiffes) befindliche Lotse, den Dampfer an der Kanalsüdböschung festzulegen; jedoch ohne Erfolg. Die »Palomares« legte sich allmählich quer zum Kanal und blockierte jeden Drehversuch, da die immerhin viereinhalb Meter hohe Deckladung jede Bedienung von Winden und Trossen unmöglich machte. Das Schiff sank weiter und riegelte nahezu ganz den Kanal ab: Sein Bug lag unmittelbar an der Südböschung, sein Heck nur fünfzehn Meter von der Nordböschung entfernt. Es mußte etwas getan werden; denn die Sperrung des Fahrwassers kostete dem Reich täglich etwa zwanzigtausend Mark Einbußen. Zahlreiche Schaulustige fanden sich inzwischen ein. Einige von ihnen sahen noch vor ihrem geistigen Auge das Bild des dänischen Dampfers »Johann Siem«, der 1896 im Kanal sank und somit eine Benutzung der Wasserstraße für einen Monat lang unmöglich gemacht hatte. Diesmal schaltete die Kanalverwaltung schneller: Sie ließ drei große Bagger und eine ansehnliche Zahl von Schleppern mit doppelter Besatzung an der Unfallstelle einsetzen. In Tag- und Nachtschicht schufteten die Arbeiter, um hinter dem Heck des Dampfers neues, zusätzliches Fahrwasser zu schaffen und den Boden fortzubringen. Zur gleichen

Zeit sah man an Land starke Pfeiler und Winden, die dazu bestimmt waren, den Dampfer sofort nach dem Löschen seiner Decksladung wiederaufzurichten. Zusätzlich brachten Arbeiter weitere Seile zwischen Schiff und Land an, um damit ein weiteres Abkippen des Dampfers zu verhindern. Am nächsten Tag erschienen kleinere Frachtschiffe, um dem Unglücksschiff die Holzladung abzunehmen. Die gesamten Bergungsarbeiten gingen derart schnell voran, daß der Kaiser-Wilhelm-Kanal bereits fünf Tage später, am 15. August, wieder voll befahrbar war. Nunmehr passierte die große Anzahl von Schiffen, die sich vor der Kanalmündung angesammelt und nicht den Ausweichweg um Skagen herum gewählt hatten, wieder den gewohnten Seeweg »quer durchs Land«.

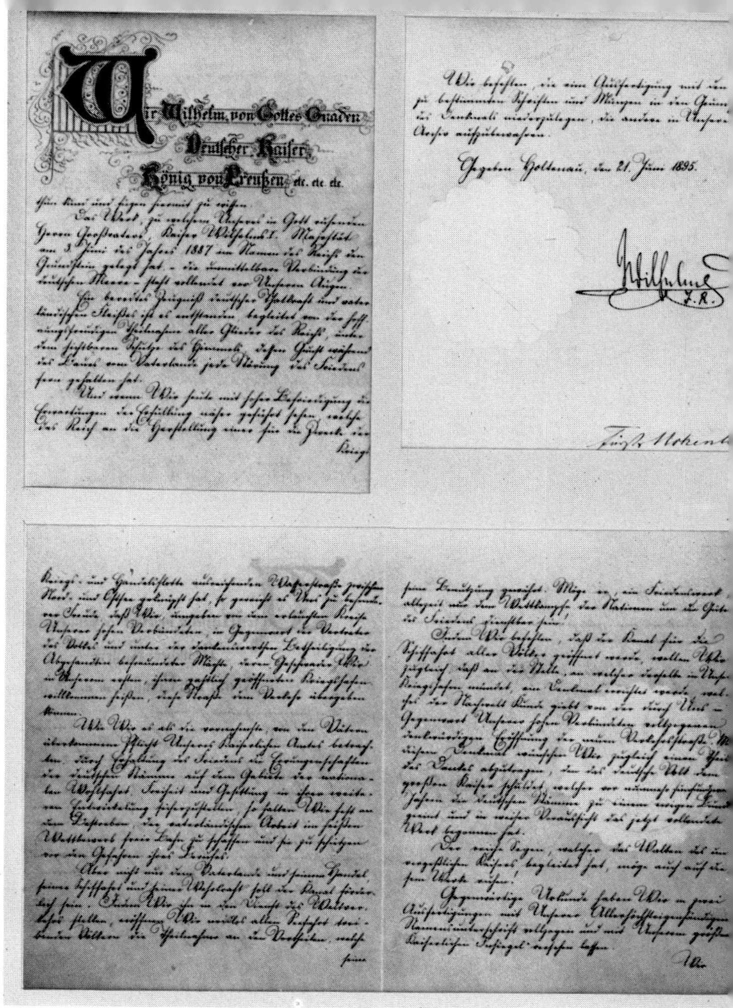
Wir Wilhelm, von Gottes Gnaden Deutscher Kaiser, König von Preußen etc. etc. etc.

Gegeben Holtenau, den 21. Juni 1895.

Urkunde Kaiser Wilhelms II. zur Kanaleinweihung am 21. Juni 1895

Arbeiten an der neuen Südschleuse während der Kanalerweiterung (24. Juni 1913)

Das Ostende des Kleinen Kiel (um 1865) wurde 1868/69 aufgeschüttet. Rechts das Schloß; vor seinem mit einer Haube bekrönten Nordturm ist noch der Rest des Dänischen Tores zu erkennen, das bis 1869 stand

◁ *Die im August 1909 im Kanal gesunkene belgische »Palomares« machte eine Kanalnoterweiterung erforderlich, damit der durch die Kanalsperre stark behinderte Schiffsverkehr nicht gänzlich zum Erliegen kam*

◁ *Linienschiff »Brandenburg« passiert den Kanal. Im Hintergrund die Levensauer Hochbrücke*

Zurück in die Innenstadt. Hafen und Kanal waren zwar unweigerlich interessante Besuchsziele; aber die gewaltigste und nicht uninteressantere Veränderung erfuhr ein Hafenbecken inmitten der Innenstadt: der Kleine Kiel. Stand man dort zufällig neben einigen Fremden oder sogar Einheimischen, hörte man sie oft von zwei »Teichen« sprechen, die durch die Betonbrücke getrennt wurden. Das war natürlich falsch; denn alle, die die Zeit bis 1903 miterlebten, wußten, daß der Kleine Kiel einmal eine direkte Verbindung zum Hafen besaß und somit als ein »verirrter« Abzweig des Hafens anzusehen war. Alte Stadtpläne zeigen ihn in doppelter Größe, und der heutige Ratsdienergarten, in dem das Klaus-Groth-Denkmal steht, war bis 1869 Wasser. In der warmen Jahreszeit fing der Kleine Kiel mit seinem ohnehin nicht hohen Wasserstand fürchterlich an zu stinken: Die dicke Schlammschicht und Verlandungen machten sich spürbar. Allein 1907 förderten Arbeiter bei einer Ausbaggerung des Kleinen Kiel rund achtzehntausend Kubikmeter Schlamm. Die Stadtverwaltung entschloß sich im vergangenen Jahrhundert nicht gleich zu radikalen Zuschüttungsmaßnahmen, sondern zur Aufschüttung im Osten und Westen, zur Uferbegradigung und zur Regulierung des gesamten Wasserbeckens. Auf ehemaligem Wassergelände liegt also das heutige Terrain für Stadttheater und Neumarkt (Rathausplatz).

Wollten die Alt-Kieler von der Altstadt in den nördlichen Stadtteil, der ganz besonders stark nach der 1869 erfolgten Eingemeindung der Brunswik anquoll, mußten sie den nicht ganz unbeschwerlichen Weg um den damals unregulierten Kleinen Kiel in Kauf nehmen. Zusätzlich setzte von 1855 bis 1887 eine Fähre die Passanten vom Kütertor zur Fährstraße (seit 1923 Legienstraße) über. Erst 1887 trat mit dem Bau einer Holzbrücke eine sichtliche Verkehrserleichterung ein. Man konnte direkt vom Kütertor in die Bergstraße laufen. Für Fahrzeuge war die schmale Holzkonstruktion allerdings nicht bestimmt. Sie kamen erst 1910 in den Genuß der neuen Betonbrücke, die den inzwischen veralteten Bohlendamm ablöste.

In der Bismarckanlage, Ecke Lorentzendamm/Dammstraße, stand das 1869 gebaute Gymnasium bis zum zweiten Weltkrieg

◁ *Blick über den Kleinen Kiel zum Lorentzendamm (spätestens 1887), als es noch keine Verbindungsbrücke zwischen Altstadt und nördlichem Stadtufer gab*

◁ *Seit 1887 reichte eine Holzbrücke vom Kütertor über den Kleinen Kiel hinweg in die Bergstraße. Am Lorentzendamm steht seit 1895 Ecke Fährstraße (heute Legienstraße) das Gebäude des Oberlandesgerichts (heute schleswig-holsteinisches Justizministerium)*

Der Kleine Kiel rahmte zunehmend das »geistige« Kiel ein: das neue Stadttheater, das Rathaus und das alte, 1869 gebaute Gymnasium (Gelehrtenschule) in der Bismarckanlage. Wie sah es im alten Kiel mit der Schulbildung aus? Neben der bereits jahrhundertealten Gelehrtenschule schufen die Kieler am 21. Oktober 1861 im Buchwaldtschen Hof eine weitere Bildungsstätte, die mehr die Bedürfnisse des praktischen Lebens berücksichtigen sollte. Über diesen Vorgänger der heutigen Humboldtschule schreibt ein ehemaliger Pennäler in der Festschrift zum hundertjährigen Bestehen des Schulhauses: »Kunstvolle Stuckdecken zierten die Zimmer, eine stattliche Treppe führte zum Obergeschoß, wappengeschmückte Portale fanden sich an den Eingängen, alles verriet, daß hier die Wohnung eines vornehmen Geschlechts gewesen war. Bis Ende der sechziger Jahre hatten sich in einigen Zimmern auch noch alte Holztäfelungen, Wandschränke und Überreste kostbarer Tapeten befunden. Für die Bewohner war dieser Überrest alter Pracht weniger angenehm; denn hinter dem Holzwerk und den Tapeten hausten ganze Mäusefamilien.« Nach der Angliederung Schleswig-Holsteins an Preußen 1871 erfüllte die Schule nicht die Bedingungen zur »Einjährigen-Berechtigung« für junge Offiziersanwärter. Also richtete man sie notgedrungen zur lateinlosen Realschule, zur Realschule zweiter Ordnung, ein. Die Zahl der Schüler, bald über fünfhundert, konnte im alten Adelshof unmöglich ausreichend unterrichtet werden. Ein großer, neugotischer Schulbau am Knooper Weg sollte ab 1877 Abhilfe schaffen. Für die Schüler bedeutete es Lernen in Ruhe und am Stadtrand; denn damals führte der Knooper Weg noch an Bauernhöfen, durch Wiesen und Felder vorbei. Die neue, hochmoderne Schule stand vor der Alternative, zum Realgymnasium (mit Latein) oder zur Oberrealschule (ohne Latein) ausgebaut zu werden. Weil die meisten Eltern ihre Jungen mit der Einjährigen-Berechtigung von der Schule nahmen, erschien ihnen Latein als überflüssig, und die »Penne« begann als Oberrealschule ihr Dasein. Mit dem Abiturzeugnis einer Oberrealschule konnte man seinerzeit Mathematik oder Naturwissenschaften an der Universität studieren beziehungsweise eine technische Hochschule besuchen. Als der Schülerstamm in die Höhe schoß, wechselten 1897 sechs Lehrer mit zweihundert Schülern in eine neue Realschule in der Brunswik. Später siedelte diese Schule in die Waitzstraße über und bildete den Grundstock für die heutige Hebbelschule. Schüler wurden 1906 ebenfalls an die gerade neugegründete (heutige) Max-Planck-Schule am Königsweg abgegeben.

Inzwischen interessierten sich Stadtverwaltung und Schuldirektion für einen unerhört neuartigen Schulversuch: für die Einrichtung eines sogenannten Reformrealgymnasiums. Es begann mit Französisch und Englisch und führte Latein als dritte Fremdsprache von U III bis O I mit je sechs bis acht Wochenstunden ein. 1906 war die Schule am Knooper Weg ein reines Reformrealgymnasium, wenn auch mit sehr wechselseitigem Erfolg.
Schulbildung galt damals als Privileg des selbstzufriedenen Bürgertums. Nahmen die Kinder bedürftiger Familien an Morgenspeisungen teil, wobei jedes Kind vor der Schulzeit einen halben Liter Milchsuppe und ein Brötchen aß, konnten die finanzkräftigen Eltern für ihre Kinder jährlich hundertachtzig Mark auf den Tisch der Schule blättern, Auswärtige sogar zweihundertsiebzig Mark ... und man zahlte gerne; denn die Kinder sollten auf die höhere Schule, ganz gleich, ob sie das Zeug dazu besaßen oder nicht. Es gehörte einfach zum guten Ton oder »Höher-hinaus-Wollen«.
Mancher stand die schulischen Anforderungen gar nicht durch und schwamm ohne Reife oder Abitur ab. Aber – er konnte sich immerhin im Bewußtsein wiegen, die »höhere Schule« besucht und Verkehr mit Kindern »besserer Familien« gehabt zu haben. So war die Zahl der Abiturienten, verglichen mit der des Sextanerheeres, verschwindend gering. Nahm einer die Schule derart »ernst«, daß er sich die Zeit für Ehrenrunden nahm, konnte die gesamte Verwandtschaft und Bekanntschaft sehen, ob der Pennäler »backen« geblieben war, ohne daß er auch nur einmal den Mund aufgemacht hatte. Seine Klassenmütze, zu beziehen bei Clausen in der Schuhmacherstraße und in der Schülersprache kurz »Deckel« genannt, erbrachte den Beweis über den Stand der Dinge: Sextaner trugen Schwarz mit Silberbiese, Quintaner Schwarz mit Goldbiese, Quartaner Braun mit Goldbiese, UIII Grün mit Goldbiese, OIII Grün mit Silberbiese, UII Blau mit Gold, OII Blau mit Silber, UI Rot mit Gold und OI Rot mit Silber. Hatte man zwei Jahre hintereinander ein und dieselbe Kopftracht, lief man mit seinem Sitzenbleiben praktisch Reklame. Traf das Schulgeld pünktlich ein und störte der Schüler im Unterricht nicht weiter, konnte er ruhig alle zwei Jahre »wiederholen«.
Die Bergstraße hoch ging es an der Muhliusschule vorbei zum Dreiecksplatz. Hier trafen sich drei verkehrsreiche Straßen: die Holtenauer, die Berg- und die Brunswiker Straße. Sprach einer von der »Brunswik«, wußte jeder, daß damit die Brunswiker Straße gemeint war. Man neigte nur dazu, den Straßennamen in Anlehnung an den alten, bis 1869 eigenständigen Ort »Brunswik« zu vereinfachen. Das dörfliche Gepräge des alten Brunswik verschwand unter Kiels Ägide völlig. Die letzten kleinen Häuser der alten Brunswiker Feldmark wurden im November 1902 in der Wilhelminenstraße abgebrochen. Auch der Dreiecksplatz zählte zum ehemaligen Brunswiker Gebiet. Hier zogen noch bis in die Mitte des 19. Jahrhunderts die Mitglieder der Brunswiker Gilde von 1638 hin, um ihre Schützenfeste auf der »Triangel«, wie der Dreiecksplatz einst hieß, zu feiern. Am Dreiecksplatz und in seiner unmittelbaren Nähe konnte man öfter Umzüge von Veteranen beobachten, wenn sie mit ihren Girlanden und Fahnen in Frack und Zylinder bei der Kaserne der Fünfundachtziger vorbeimarschierten. Fuhr eine »grüne Minna« vorbei, war ihr Ziel mit Sicherheit das Polizeipräsidium in der Blumenstraße, vom Volksmund kurz die »Blume« tituliert.
Nicht weit westlich davon, wo sich das Reformrealgymnasium ausbreitete, war die Stadtwelt um die Jahrhundertwende zu Ende. Erst 1901/02 bewilligte Kiels Stadtverordnetenkollegium den Bau des Hohenzollernparks als grüne Lunge um den Schreventeich. Hauptsächlich benutzten die Kieler ihren ersten Park nicht als Grünanlage, sondern als Sport- und Begegnungsstätte. Der Schreventeich bot im Sommer ein vielbesuchtes Frauen- und Kinderbad in der Nähe der Eckernförder Chaussee. Manch einer versuchte durch ein Astloch des Bretterverhaus zu spähen. Aber was gab es bei den damaligen Badeanzügen schon zu sehen. Nackte Haut war unter Volants, Schleifchen und viel, viel Stoff vergraben.
Rudern galt auf dem damals noch größeren Teich als willkommene sportliche Abwechslung, das Restaurant im Japan-Stil als nicht mehr wegzudenkende Neuerrungenschaft. Im Winter, besonders an schulfreien Nachmittagen, hielt der Teich als Ziel für Jungen und Mädchen her, wenn sie auf den weiten Eisflächen »Wintersport« trieben oder sich erbitterte Schneeballschlachten lieferten. Der Ausbau des Hohenzollernparks mit seinen vielen Sitz- und Plauderecken machte zum Leidwesen manchen Kielers das Aufkündigen vieler Kleingärten erforderlich. Sie lagen um das Teichgelände herum auf dem Gebiet der heutigen Goethe-, Humboldt-, Schiller-, Jahnstraße und des Lessingplatzes; teilweise sehr alte Gärten, von manchem Gartenfreund beinahe schon ein Menschenalter gepflegt. Die gesamte Umgebung des neuen Parks bekam ein städtisches Aussehen. Die ersten Gebäudegruppen wuchsen 1901 an Schweffel- und Howaldtstraße aus dem Erdboden. Noch fehlte zusammenhängende Bebauung, so daß sie vom Park aus gesehen wie große Klötze auf der grünen Wiese aussahen. Vereinzelte Häuser ragten hervor: die Schule an der Hansastraße und die neuen Häuser in der Goethestraße. Erst 1907 schloß sich der Gebäudering um den Hohenzollernpark und ließ nichts mehr vom vormals vorhandenen Kleingartengürtel erkennen. Das nordwestlich des Hohenzollernparks gelegene Gebiet verspotteten Kieler, die dort nicht wohnten, als »Stinkviertel«. Grund: der übelriechende Rauchniederschlag der Poudrettefabrik am Grasweg, in der die Eimerinhalte verbrannt und zu Streudünger verarbeitet wurden. Jeden Morgen, kurz nach sieben Uhr, rumpelten große, grüne Kastenwagen mit schwerem Doppelgespann in langer Reihe stadteinwärts durch die Gutenbergstraße. Richtung Innenstadt verloren sich dann die »Scheetkutscher«, um die Eimerabfuhr durchzuführen.

Die rege Bautätigkeit war für die Großstadt Kiel ein Segen. Im gesamten Reich, besonders im November 1901, schnellten die Arbeitslosenzahlen in die Höhe. In Kiel war das nicht der Fall. Durch den chronischen Wohnungsmangel wurde eine rege Bautätigkeit entfacht. Zahlreiche Marineanlagen, Vergrößerungsanlagen der Werften und die private Bautätigkeit

Das Lehrerkollegium des Reformrealgymnasiums im Jahre 1909 (heute Humboldtschule)

sorgten für volle Auftragsbücher. Erst ab 1904 verschlechterte sich auch in Kiel der Arbeitsmarkt.
Neben den Hochbauten wären die mit ihnen zusammenhängenden Straßenanlagen nicht zu vergessen. Am deutlichsten zeigte sich die Stadterweiterung im Stadtrandgebiet: Das »französische Viertel« am Wilhelmplatz bot mit fünf völlig neuen Straßen und großen Wohnblocks der akuten Wohnungsnot Abhilfe. Alle in diesem Gebiet neuentstandenen Straßen erhielten die Namen der Schlachten, die die Deutschen 1870/71 gegen die Franzosen ausgetragen hatten. Dabei bekamen die längeren Straßen die Namen der längeren Schlachten, die kürzeren dagegen die der kürzer dauernden Gefechte. Das neue Stadtviertel stand in seiner Monotonie im starken Gegensatz zu den bereits vorhandenen Häusern in der Geibelallee. Etwa dreißig freundliche Lehrervillen mit Vorgärten, die vor 1902 wie eine isolierte Kolonie am Stadtrand lagen, schlossen direkt an das neue Arbeiterviertel an. Weiter südlich schossen Häuser an Bonin-, Harmsstraße und Schützenwall »wie Pilze« aus dem Boden – im Mietskasernenstil der Wilhelminischen Ära. Im Mai 1901 nahm man dort die Bauarbeiten in Angriff, die derart schnell vorwärtsgingen, daß sich die Kieler Zeitung im August 1902 lobend und klagend zugleich äußerte: »Die Bauarbeit wird dort unter Hunderten von Händen so schnell gefördert, daß eine photographische Aufnahme schon nach der kurzen Zeit, die erforderlich ist, um nach ihr ein Clischee herzustellen, von der Wirklichkeit beträchtlich überholt wird. Während das eine Gebäude fertig eingedeckt war, wurde auf dem First des nächsten der Richtkranz aufgepflanzt; das dritte war zu halber Höhe emporgewachsen, und auf dem vierten Platze schachtete man die Baugrube aus oder vermauerte in derselben das Fundament.« Dabei fraß sich die südliche Stadtbebauung in das landschaftlich reizvolle Terrain des früheren Schützenplatzes der Grünen Gilde hinein und forderte im Mai 1901 aus Verkehrsrücksicht eine große Menge des wertvollen alten Baumbestandes.
Die rege Bautätigkeit im gesamten Kiel blieb für viele Einwohner Tagesereignis: 1902 wurde der neue Hohenzollernring zwischen Eckernförder Allee und Gutenbergstraße weiter ausgebaut sowie die Metzstraße und die sie verbindenden Querstraßen. Auf dem Kaiser-Wilhelm-Ring zwischen Eckernförder Allee und Kronshagener Weg rollte bereits ein Jahr zuvor der Verkehr. Im südlichen Stadtteil entstanden 1901/02 Hasselmannstraße, Jeßstraße, die Verlängerungen von Harms- und Boninstraße, Schützenwall und Prüne. Nordwestlich des Hohenzollernparks schlossen sich zur gleichen Zeit Schweffel-, Howaldt-, Christian-Kruse-, Olshausen-, Franke-, Samwer-, V.-d.-Horst-Straße und ein neues Stück der schon existierenden Hansastraße an.

Die Brunswik büßte seit ihrer Eingemeindung 1869 fortlaufend ihr ländliches Gepräge zugunsten der werdenden Großstadt ein

Blick in die Bergstraße in Richtung Dreiecksplatz 1913

Die »Blume«, das Polizeipräsidium in der Blumenstraße

Ein Veteranenzug zieht am Hotel Stadt Magdeburg Ecke Bergstraße/Muhliusstraße vorbei (vermutlich 1912) ▷

Am Dreiecksplatz (hier 1938) trafen Berg-, Holtenauer und Brunswiker Straße zusammen. Ecke Preußerstraße/Holtenauer Straße das 1911 errichtete Kaufhaus Jacobsen; links das Kino »Capitol«, rechts (im Anschnitt) die ebenfalls 1911 gebaute Fischhalle ▷

CAPITOL
CAPITOL
G. SCHRÖDER
CAPITOL
BRAUTAUSSTATTUNGEN
BETTWÄSCHE
LEIBWÄSCHE
TISCHWÄSCHE
JACOBSEN
JACOBSEN
ZUM PATZENHOFF
53

Der Hohenzollernpark (heute Schrevenpark) um 1910, als die Anlage noch Sport-, Erholungs- und Begegnungsstätte zugleich war

Blick auf den 1901/02 angelegten Hohenzollernpark. Im Hintergrund (v. l. n. r.), noch ohne jede zusammenhängende Bebauung, Häuser an der Gutenbergstraße, die Schule an der Hansastraße und erste Wohnhäuser in der Goethestraße

Die Forstbaumschule wurde 1904/05 anstelle einer vormals kleineren Gaststätte von der Stadt Kiel gebaut und verpachtet ▷

Seit 1903 liegt der Schützenpark auf dem ehemaligen Schießplatzgelände der Großen Grünen Gilde. An der Harmsstraße die (heutige) Käthe-Kollwitz-Schule; dahinter das 1908 gebaute Stadtkloster mit dem aufgesetzten Türmchen des alten Stadtklosters, das am Sophienblatt stand ▷

Kiels Stadtväter wollten nicht noch einmal enge Wohngebiete nach dem Gängeviertelmuster am Kuhberg entstehen lassen. Daher beschlossen sie 1903 die Anlage des Schützenparks. Vorher spielten in seinem vorderen, durch kleine Erdwälle bucklig aussehenden Teil die Kinder Räuber und Gendarm oder Verstecken. Vor 1891 war das allerdings aus Sicherheitsgründen verboten: Hier übten die Mitglieder der 1412 gegründeten Großen Grünen Schützengilde schon seit 1665 ihre Schießkunst. Weiter westlich, ungefähr auf dem ehemals auch hügligen Gebiet vor dem heutigen Amtsgerichtsgebäude, hörte man Soldaten des III. Bataillons des Infanterieregiments Nr. 85 üben.

Um das gesamte Stadtgebiet legte sich als Abwechslung zur wilhelminischen Bauwelt ein vierzehn Kilometer langer und etwa eineinhalb Kilometer breiter, ununterbrochener Gürtel von Pachtgärten. Fast jede zweite Familie pflegte einen davon.
Wie sah es zur gleichen Zeit im Norden aus? Nicht viel anders. Dort verlor die 1893 eingemeindete Wik ihre letzten Überbleibsel der Dorfidylle. Von der Landseite war es die noch junge Großstadt, die ihre neuen Straßenzüge immer intensiver in den Norden hineinbohrte und somit den Charakter des ehemaligen Dorfes Wik fortlaufend verwischte. Von der Wasserseite schoben sich die Kasernen in den Ort hinein. Hierdurch unterlag die Wik um 1903 dem gleichen Schicksal wie wenige Jahre zuvor auf dem Ostufer Gaarden: Die Einwohner wurden vollständig von der Wasserkante verdrängt, da viele Grundstücke in den Besitz der Marine übergingen. Die neuen Kasernen sahen 1904 ihre ersten Mariner. Auch im Norden versuchte die Stadt, die neuen Wohngebiete aufzulockern beziehungsweise vorhandene Grüngürtel als Parkanlagen nutzbar zu machen. Als beliebtester Anziehungspunkt – heute wie damals – genoß die Forstbaumschule ihren guten Ruf. Ursprünglich wurde sie 1788 von Prof. Chr. Kay Hirschfeldt auf dem Gelände des Düvelsbeker Geheges zu Ausbildungszwecken der Forstlehranstalt gegründet. Seit 1853 züchtete sie als öffentliche Handelsgärtnerei eine breite Pflanzenpalette heran, bis sie dann im Sommer 1902 beträchtlich erweitert werden konnte, weil ihr das Düvelsbeker Gehölz angegliedert wurde. Der sogenannte »Düvelsbek«, der das kleine Gehölz in zwei Teile trennte, wurde trockengelegt und ein bequemer Zugang vom Forstweg geschaffen. Die Forstbaumschule selbst nahm bereits im April 1901 das Aussehen einer weitläufigen Parkanlage an. Dabei büßte sie allerdings ihr etwas wildromantisches Aussehen ein: Die vielen dichten, verwilderten Büsche wurden durch neue Baumgruppen und weite Rasenflächen ersetzt. Breite, feste Wege luden zum Spaziergang durch die Anlage ein, hin zur Gaststätte »Forstbaumschule«, die seit 1905 eine besondere Anziehungskraft durch Kegelbahn, Konzerte und Tanz ausstrahlte.
Die Kieler verhielten sich äußerst aufgeschlossen gegenüber allen Konzert- und Theaterveranstaltungen. Aber wie sah das kulturelle Angebot der jungen Großstadt überhaupt aus? Dazu ein Blick auf das »Kulturzentrum«, auf das Theater in der Innenstadt:
Kintopp kam auf, bereitete aber den Bühnenbrettern nicht den geringsten Abbruch. Im Gegenteil! Das bis 1905 noch in der Schuhmacherstraße gelegene private Stadttheater blieb derart gut besucht, daß es 1900 umfangreich renoviert werden mußte. Es erhielt ein »neumodisches Gestühl« zum Selbstaufklappen. Neu war auch die Numerierung aller Plätze, was bisher für den zweiten Rang nicht galt. Fortan hatten die Theatergänger es nicht mehr nötig, nach dem Motto »Wer zuerst kommt, mahlt zuerst« ins Musenhaus zu strömen und sich um die Sitzplätze zu drängen. In Ruhe konnte man sich seinen gewünschten Platz im Vorverkauf sichern. Neben dem Stadttheater in der Schuhmacherstraße bot das Schillertheater in der Holtenauer Straße Veranstaltungen an. Mit der Zeit

Das Stadttheater wurde 1905–1907 nach Plänen des Architekten Seeling gebaut, nachdem die in Kiel vorhandenen Privattheater nicht mehr den neuzeitlichen Anforderungen entsprachen ▷

konnten aber beide Privattheater den kulturellen Bedürfnissen einer Stadt mit sechsstelliger Einwohnerzahl nicht mehr genügen. Das im Innern zu enge und nur hundertsiebenundvierzig Plätze zählende Stadttheater in der Schuhmacherstraße war wenig geeignet für einen Erweiterungsbau, weil es von außen durch das nahe Heranrücken der umgebenden Gebäude eingekeilt wurde. Trotz laufender Erneuerungen bot es nach Meinung des Publikums Unbequemlichkeiten in Hülle und Fülle sowie völlig unzulängliche Einrichtungen für den Zu- und Abgang der Gäste. Selbst für den Aufenthalt in den Zwischenpausen fehlte ausreichend Raum. Kurz gesagt, sein hohes Alter war nicht mehr zu kaschieren, und auch die anerkennenswertesten Verbesserungen und Modernisierungen konnten die neuen baupolizeilichen Vorschriften nicht erfüllen.
Ähnlich sah es beim Schillertheater aus: Es bot zwar fünfhundertzehn Sitzplätze, eignete sich aber überhaupt nicht für den Theaterbetrieb; ursprünglich war das Gebäude als Vergnügungslokal weit im Norden der Stadt gebaut worden, und zu weit im Norden lag es nach Meinung der kulturbeflissenen Bevölkerung immer noch. Ein neues Theater sollte nach einhelliger Meinung mindestens tausend Plätze bieten, jedoch auch nicht mehr, damit es bei schlechtbesuchten Vorstellungen nicht zu leer und unbehaglich aussehen würde. Endlich faßten die Stadtkollegien am 3. Mai 1902 nach folgender Vorlage den Beschluß zum Theaterneubau: . . . den Bau eines städtischen Theaters in den Anlagen am Neumarkt auf der Grundlage der vom Architekten Seeling eingereichten Projektskizze vom 1. November 1898 und der Nachträge dazu vom 24. März 1899, 13. November und 13./14. Dezember 1900, sowie vom 3. März 1902 zu beschließen... Dieser Antrag, der von einer eingesetzten Theaterkommission gestellt wurde, zeigt, seit wie vielen Jahren der beauftragte Architekt Seeling am Theaterprojekt tüftelte. Die Theaterkommission nahm ihre Arbeit durch Stadtkollegienbeschluß vom 9. November 1897 auf. Sie sollte Vorschläge zur Verbesserung der schlechten Theaterverhältnisse – gegebenenfalls auch für einen Neubau – erbringen. Daß dieses Theater dann unter städtischer Führung erbaut werden sollte, kam erstmals dadurch zum Ausdruck, daß die Kollegien eigens für einen Theaterneubau die Aufnahme des Betrages von hunderttausend Mark in den Haushaltsplan 1897 beschlossen. Als dann die Theaterkommission ihre Tätigkeit aufnahm, rechnete jeder mit einer raschen fachmännischen Fertigstellung eines Planes, zumal der als tüchtiger Theaterleiter angesehene Hamburger Hofrat Pollini seine Mitarbeit zugesagt hatte. Leider starb Pollini im November 1897, und es blieb lange Zeit die Frage offen, wer seinen Platz in der Kommission einnehmen sollte.

Das »Kleine Theater« in der Holtenauer Straße war bis zum Ankauf durch die Stadt Kiel 1906 als Schillertheater bekannt ▷

Man wollte einen praxisbezogenen Sachkundigen haben und zog die Bauräte Fellner und Hellmer aus Wien sowie den Architekten Seeling aus Berlin in die engere Wahl.
Zuerst wurde Seeling nach Kiel geladen – nicht nur, weil Berlin näher liegt als Wien, sondern vor allen Dingen wegen seiner hervorragenden Zeugnisse, die seine Befähigung für den Theaterbau bezeugten. Seeling hatte sich bereits durch seine Theaterbauten in Halle a. S., Essen, Bromberg, Rostock, Frankfurt/Main, Nürnberg, Posen, Braunschweig, Kissingen, Freiburg i. Br. und Berlin (mit dem Neuen Theater am Schiffbauerdamm) einen Namen geschaffen. Seeling reiste im Mai 1898 nach Kiel, um sich dort der Theaterkommission vorzustellen und sich an Ort und Stelle über das Bauvorhaben zu informieren. Sein erster vorläufiger Bericht sah Kosten von 1150000 Mark vor. Das erschien der Kommission als relativ hoch, so daß sie den Architekten Hellmer kommen ließ. Man wollte ohnehin nicht nur das Urteil eines einzigen Sachverständigen hören. Aber auch Hellmer äußerte sich in seinem Bericht über Bauplatz, Größe und Baukosten ähnlich wie Seeling. Erst nach vielen weiteren Zwischenberichten, Überlegungen und Behinderungen (wie z. B. durch den Tod des Stadtbaurats Schmidt als Kommissionsratgeber 1901) kam man zur endgültigen Vorlage 1902 und dem endgültigen Kostenvoranschlag von 1305000 Mark. Baubeginn sollte jedoch erst im Juni 1905 sein, denn genaue Baugrunduntersuchungen des Neumarktgebietes und 1903 durchgeführte Grundbohrungen waren erforderlich. Das alte Theater in der Schuhmacherstraße mußte am 21. April 1907 mit seiner letzten Vorstellung das Zeitliche segnen. Noch einmal füllte sich das Haus zur »Fledermaus«; dann wurde das von Ratten angenagte baufällige Gemäuer gleich nach Neujahr 1908 abgetragen. Die wertvolle Theaterbibliothek wanderte für dreihundert Mark nach Hamburg, Klappsitze und Bühnendekorationen nach Süddeutschland. Viele Requisiten wurden ganz einfach in alle Winde zerstreut; so konnte mancher noch lange Jahre auf dem Dach einer Bedürfnisanstalt am Wall den Schwan aus »Lohengrin« thronen sehen.
Das neue Theater schritt seiner Vollendung entgegen. Immerhin waren seit den ersten Anregungen zu einem Neubau und der Fertigstellung durch Seeling ganze elf Jahre verstrichen. Zuvor mußte die Stadt noch eine Regelung des Vertragsverhältnisses zwischen Stadtverwaltung und Theaterleitung finden, einen geeigneten Direktor suchen sowie Orchester und Fundus auf die Beine stellen. Alles sollte sich 1906 klären. In diesem Jahr verpflichtete man gleichzeitig zwei Direktoren: Gottscheid aus St. Gallen und Otto aus Krefeld. Der 1. Oktober 1907 sollte der Eröffnungstag der »Kunstscheune« sein, wie das Theater bald vom Volksmund getauft wurde. Aufgeregtes Begutachten und Gespräch des Publikums im Foyer. Als Einleitung der Feier ertönte das Vorspiel zu »Parsifal« von Richard Wagner. Es spielte das neugegründete Orchester des »Vereins für Musikfreunde« unter der Leitung von Dr. Felix Schreiber. Die Titelrolle sang die in Kiel sehr beliebte Opernsängerin Sophie Anton-Cordes. Dann, nach den obligatorischen Festansprachen, hob sich der Vorhang zur Aufführung von Beethovens »Fidelio«. Bis zur Gegenwart konnte ständig die Verpflichtung hochqualifizierter Ensemblemitglieder gesichert werden.
Neben dem neuen Kulturmittelpunkt wollten die Stadtväter bald auch das neue Verwaltungs- und Repräsentationszentrum wissen: das Rathaus. Das alte Rathaus am Markt war entschieden zu klein. Das neue sollte hinter dem Stadttheater auf dem Gelände der alten Gasanstalt stehen. Vor ihr trafen sich allabendlich vor Dienstantritt sämtliche Kieler Nachtwächter in ihren langen Mänteln. Von hier aus ging es dann in die einzelnen Bezirke, die schon Beleuchtung hatten. Die Ausstattung der Leuchtmänner bestand aus einem Knüppel als Waffe und einer Stange, die oben einen Haken zum Laternenanzünden trug. Bereits vor der Jahrhundertwende übernahmen die königlichen »blauen« Schutzleute ihren Wachdienst.
Noch 1909 erstrahlte Kiel abends im Schein von 4224 Gaslaternen und 100 Petroleumlampen. Die 97 vorhandenen elektrischen Straßenbeleuchtungen kosteten in ihrer Unterhaltung sehr viel Geld und brannten daher nur an Sonn- und Feiertagen, höchstens noch an Kaisers Geburtstag.

Oberbürgermeister Paul Fuß lenkte von 1888 bis 1912 die Geschicke Kiels. Unter ihm wuchs die Stadt in alle Himmelsrichtungen und wurde zur Großstadt. Im Hintergrund des im Ratssaal hängenden Gemäldes das in der Ära Fuß gebaute Rathaus am »Neumarkt« (heute Rathausplatz) ▷

Im alten Rathaus auf dem Markt nahm die schleswig-holsteinische Erhebung 1848 ihren Anfang; hier trat am 24. März 1848 eine provisorische Regierung zusammen, die nachts der wartenden Bevölkerung vom Fenster herab ihre Einsetzung verkündete. Ziel der Erhebung war eine Loslösung Schleswig-Holsteins von Dänemark und ein Anschluß an Deutschland. Der Versuch scheiterte jedoch 1850, da die dänischen Truppen zahlenmäßig überlegen waren. Fünfundzwanzig Jahre nach dem Aufstand brachten die Kieler an der Vorderfront ihres Rathauses eine Gedenktafel an. Das Rathaus (hier Januar 1938) wurde im zweiten Weltkrieg zerstört. Von den ehemaligen vierzehn Kellergewölben sind nach der 1970 erfolgten Marktneubebauung sechs als Gaststätte wiederhergerichtet worden ▷

Das Stadttheater von der Bismarckanlage aus gesehen. Im Vordergrund das Standbild des »Eisernen Kanzlers« (1897 von H. Magnussen), rechts der im Rohbau befindliche Turm des neuen Rathauses. Um 1910 ▷

Die Gasanstalt sollte im neuen Kiel bald der Vergangenheit angehören. Bei den Abbrucharbeiten des alten Versorgungsgebäudes kam es am Nachmittag des 11. Mai 1906 zu einer folgenschweren Explosion. Die KZ berichtete: »Mehrere Leute des Unternehmers Christ waren dabei beschäftigt, in dem dem früheren Direktorwohnhaus an der Fleethörn gegenüberliegenden Uhren- und Gasregulatorraum den Regulatorkessel zu zerlegen. Einer der beiden Arbeiter hat wahrscheinlich durch Schläge mit einem Hammer den Behälter geöffnet, der, ohne daß man darum wußte, noch in einer Verbindung mit der Straßengasleitung stand. Ein durch Schlag entstandener Funke hat dann, so nimmt man vorläufig an, das ausströmende, mit der atmosphärischen Luft sich zu einem stark explosiven Gemisch vermengte Gas zur Explosion gebracht.« Der ungeheure Knall zog eine nicht weniger ungeheuer große Menschenmasse wie ein Magnet an. Man sah das alte Gebäude, in dem die Handwerker arbeiteten, völlig zerborsten und demoliert. Bei den Bergungsarbeiten machte man einen traurigen Fund: Ein Arbeiter lag mit zerschmettertem Schädel unter den Trümmern einer eingestürzten Wand. Weitere Todesopfer waren nicht zu beklagen, jedoch drei schwerverletzte Arbeiter, die starke Brandwunden erlitten.
Die Aufregung ging bald vorüber, das Rathausbauprojekt wurde 1907 nach dem Entwurf von Prof. Billing (Karlsruhe) in Angriff genommen – die nächste Aufregung hielt Einzug. Man munkelte unter der Bevölkerung etwas von drohenden Steuererhöhungen. Der Grund: Der Rathausneubau sollte das Doppelte kosten, als ursprünglich veranschlagt. Dieses Faktum schürte natürlich ein Feuer, das weite Teile der Bevölkerung in Aufsehen und helle Wut stürzte. Geld floß ohnehin nicht in paradiesischen Strömen und dann diese hohe Ausgabe für einen Repräsentationsbau? Als logische Folge wetterten Protestversammlungen mehrerer Bürgervereine gegen das hohe Defizit, das in einer solch ungeheuren Höhe in Kiel noch nie dagewesen war. Tagesthema Nr. 1 in Straßenbahnen und Geschäften blieb lange Zeit nur das Herumaasen mit den Steuergeldern: »Oha, wo schall dat noch einmal ward'n? Ick meen mit all de nien Stüern. Utbliewen künn't jo nich, so as se drup los wirtschaft hebbt.« – »Unse Büxen, die sind glänzend as'n Kieler Stadtbilanz. Un meine hat achtern auch'n Defizit; so'ne Defizits kommen ja immer erst hinten an; aber das in mein Büx stoppt meine Frau heut' abend sacht zu, was bei so'n Etat nich so leicht is.« – »Ne Swinerie is't doch! So'n Hucken Geld für'n Radhus! Un wi schall'n doch man all'ns betahlen!«
Die ganze Sache trug dann aber noch ihre humorvolle Seite. Seit dem ersten Ertönen im Mai 1911 haftete dem Glockenspiel folgender Spottvers an: Kiel hat kein Geld, das weiß die Welt, ob's noch was kriegt, das weiß man nicht.
Das Glockenspiel, alle Viertelstunde ein Viertel des Verses, erfreute sich bald einer so großen Beliebtheit, daß die Kieler Uhrmacherfirma Heibel, die die Rathausuhr geliefert hatte, ebenfalls Sanduhren mit der gleichen Melodie herstellte. Ein Kassenschlager. Viele Kieler Familien leisteten sich das Rathausglockenspiel en miniature.
Der Ärger blieb, hatte sich aber in seinem Ausmaß gelegt. Zuweilen zogen die unzähligen Streiks der verschiedenen Branchen auch mehr Interesse auf sich. Beim nächsten großen Volksauflauf spürte keiner einen Demonstrationsgedanken mehr: Es war der 12. November 1911, ein ungemütlicher, regnerischer Tag. Trotzdem stand die Menge dichtgedrängt und mit Regenschirmen bewaffnet auf dem Neumarkt. Um 11.45 Uhr wurde Wilhelm II. erwartet. Alle umliegenden Straßen erstickten in einer jubelnden Menschenmenge, die Spalier zu den Fahrbahnen stand. Militär-, Schützen- und Heimatvereine zogen von ihren Versammlungslokalen aus mit Fahnen und Musik zum Schloßgarten, von dort über den Lorentzendamm, über die Brücke am Kleinen Kiel bis hin zu den ihnen zugewiesenen Standorten an Neumarkt und Fleethörn. Lehrer hatten sich mit ihren Schulklassen am Kleinen Kiel bereits die besten Aussichtsplätze gesichert. Von dort konnten sie am besten das Geschehen des in Flaggen und Girlanden ertrinkenden Neumarkts beobachten. Der Menschenauflauf wurde immer dichter, alles schubste sehr ungalant, viele drängelten zur Fleethörn hin; denn dort war die Chance am größten, wenigstens ein Fünkchen des Geschehens mitzubekommen oder sogar den Kaiser oder die Kaiserin zu sehen.
Protokollgemäß schmetterten zwölf in Heroldstracht gekleidete Männer der Kapelle der 1. Matrosendivision vom Balkon über dem Rathauseingang Fanfarenklänge über den Festplatz. Sie galten den Insassen des kaiserlichen Autos als Begrüßung, das gerade in dem Moment in die Fleethörn einbog. Genau zur vorgesehenen Zeit fuhren Seine Majestät und die gesamte Begleitung vor dem Rathaus vor: die Kaiserin, Prinzessin Viktoria Luise, Prinz und Prinzessin Heinrich von Preußen, Prinz Adalbert und Prinz Waldemar sowie Prinzessin Henriette zu Schleswig-Holstein. Oberbürgermeister Fuß ging dem Kaiserpaar entgegen und begrüßte es aufs herzlichste. Kommentar Wilhelms: »Die großartige Entwicklung, die Ihre ehrwürdige Stadt in den letzten fünfzig Jahren erfahren hat, hängt mit dem Wachstum Meiner Marine und dem Aufblühen der Schiffbaukunst und -industrie aufs engste zusammen. Hier an dem größten Hafen der deutschen Ostseeküste sind die mustergültigen Werftanlagen entstanden, auf denen für deutsche Panzer der Kiel gestreckt und der Körper gefugt und gesichert wird. Hier ist der Mittelpunkt der rastlosen Arbeit, die diesen Panzern Leben einhaucht. Es sind wahrhaft erhebende Vorgänge und Eindrücke, die Ihre Stadt erlebt; welches deutsche Herz sollte nicht höher schlagen bei einem Schauspiel, wie wir es erst gestern wieder gesehen haben, als wir ein neues Erzeugnis der Kieler Werften seinem Element übergeben konnten. Als Wahrzeichen des engen Zusammenhangs mit der Flotte erscheint Mir der weit hinausragende Turm Ihres neuen Rathauses, der Meinen Schiffen bei der Rückkehr in den Heimathafen einen Willkommensgruß der Kieler Bürgerschaft zurufen wird. Ich beglückwünsche Sie zu dem neuen monumentalen Schmuck der Stadt.« Danach reichte der Oberbürgermeister ihm den Ehrenpokal der Stadt Kiel mit dem Ehrentrunk. Das obligatorische dreifache Hurra auf Kaiser und Reich kündete vom Schluß der offiziellen Feier. Das Kaiserpaar und der Oberbürgermeister schritten über

Einweihung des Rathauses am 12. November 1911 in Anwesenheit des Kaisers, der gerade den Eingang betritt

den roten Läufer in das Rathaus und ließen sich nach einer Besichtigung auf dem Balkon sehen. Erneut hagelte es Hochrufe, und spontan begann die Menge »Deutschland, Deutschland über alles« zu singen. Für die Stadtverordneten gab es ein Festessen und danach ein zwangloses Beisammensein bei einem Glas Bier im Ratskeller. Als Wilhelm II. Oberbürgermeister Fuß fragte, wieviel denn nun das neue Stadthaus gekostet hätte, gab dieser salopp zu verstehen: »Majestät, wir haben ein altes Bankkonto in Zahlung gegeben.«

Mit vielen Repräsentationsbauten, aber auch mit dem zügigen, im nachhinein als überhastet zu bezeichnenden Stadtausbau verbindet sich ein Name: Paul Fuß, der in den Jahren 1888 bis 1912 als Oberbürgermeister die Fördestadt regierte. Der am 29. Juni 1844 in Posen Geborene zeichnete sich neben seinem Hang zur Repräsentanz auch als fähiger Jurist aus. Fuß absolvierte in Heidelberg und Berlin erfolgreich das Studium der Rechts- und Staatswissenschaften. Noch verhältnismäßig jung, eben über dreißig, vertraute ihm die Stadtverordnetenversammlung der Stadt Danzig ab 1. März 1876 das Amt eines besoldeten Stadtrates bis 1879 an. Nebenamtlich verwaltete Fuß schon seit 1878 die Stelle des damals einzigen Landrats in Westpreußen. Nach seiner Wahl in die Stadtverordnetenversammlung der Stadt Danzig im Jahre 1883 stand ihm bald eine große Aufgabe einer anderen Ostseestadt ins Haus. Diese Stadt sollte Kiel sein, wo die Stelle des Oberbürgermeisters vakant war. Am 25. Juli 1888 wählte die Kieler Stadtverordnetenversammlung ihn zum neuen Verwaltungschef des Rathauses, dessen Stuhl Fuß ab 1. Dezember 1888 einnahm. Nach zwölf Amtsjahren sprach die Versammlung dem Oberbürgermeister erneut das Vertrauen aus. Rückblikkend können die Bemühungen Fuß' um die Erweiterung und den Ausbau des Stadtgebietes nur gewürdigt werden. Als nachteilig erwies sich nur der im Sog des Zeitgeistes oft auf Repräsentanz ausgerichtete Ausbau der Fördestadt. Letztlich blieb aber doch zuwenig Geld für den Bürger, seine Bedürfnisse und seine Wohnumgebung. Beispiele aus der Ära Fuß gab es genug: das Gängeviertel auf dem Kuhberg, das Franzosenviertel, die Ostuferwohngebiete.

Das Interesse der Bevölkerung sollte sich aber bald stärker auf die laufenden Tagesereignisse konzentrieren. Entsetzt lasen die Kieler den KZ-Artikel vom 28. Juni 1914: »Als der Erzherzog-Thronfolger Franz Ferdinand mit seiner Gemahlin, der Herzogin von Hohenberg, heute durch die Straßen (Sarajevos) fuhr, gab ein serbischer Unterprimaner aus nächster Nähe mehrere Revolverschüsse auf sie ab. Beide wurden tödlich getroffen und starben nach wenigen Minuten.« Die Folge: Der Krieg stand bevor. Die Lage für Deutschland? Völlig unbedenklich. Das wenigstens wurde dem Bürger vorerst gesagt. Am 26. Juli war es dann soweit: Österreich brach seine

Das Rathausgebiet um 1930

diplomatischen Beziehungen zum bereits mobilen Serbien ab und ordnete selbst Mobilmachung an. Gab es nun Gefahr für Deutschland? Die KZ erklärte dem Leser noch am 27. Juli die Lage für das Reich folgendermaßen: »Wir halten es für unsere Pflicht, um unnötige Aufregung zu zerstreuen, nachdrücklich darauf hinzuweisen, daß vorläufig noch nicht damit gerechnet werden braucht, daß das Deutsche Reich in die Kriegswirren hineingezogen wird.« Am 1. August las man's anders: »Deutschland im Kriegs- und Belagerungszustand«, die kaiserliche Antwort auf die am 30. Juli befohlene russische Mobilmachung. Am 2. August 1914 kam, was viele gefürchtet hatten:

Bekanntmachung!
»Seine Majestät der Kaiser und König haben die Mobilmachung der Armee und der Marine befohlen.
Als Mobilmachungstag gilt der 2. August.
Der Oberbürgermeister.«

Ein schwerer Entschluß, die Mobilmachung zu befehlen. Das wenigstens gab der ständig auf sein Gottesgnadentum pochende Monarch vor, der am 4. August 1914 »keine Parteien, sondern nur noch Deutsche« kannte. Der Reichstag bewilligte ihm mit den Stimmen der SPD die für die Kriegsführung erforderlichen Kredite.
Die Schuldfrage klärte die Kieler Zeitung in einem Atemzug mit der Bekanntgabe der Mobilmachung: »Ein Menschenalter lang hat das Friedenswerk des Dreibundes Europa den Frieden gesichert – nun hat der jüngere Zweibund sein Ziel erreicht und Europa in Flammen gesetzt!«
Die Druckmaschinen liefen auf vollen Touren, als sich am Nachmittag des 2. August die Menschenmassen vor dem Verlagshaus der Kieler Zeitung stauten. Spannungsgeladen drängten sich Männer, Frauen, Kinder, um das Neueste zu erfahren. In ihrer Neugier wurden sie zur Verkehrsblockade: der Straßenbahnschaffner mußte eine unfreiwillige Pause einlegen, die Journalisten kämpften sich zum Verlagsgebäude schier durch. 6.30 Uhr. Ein Mann heftete einen Zettel an die Anschlagtafel, und schon kam großes Gezeter auf: Jeder wollte nach vorne und lesen. Wer gerade mal einen sekundenschnellen Blick auf die Nachricht werfen konnte, war sofort auch wieder weitergeschubst. Wie ein Lauffeuer ging es um: »Mobilmachung angeordnet. Erster Mobilmachungstag: 2. August.« Für uns heute unverständlich – angesichts eines Krieges – sind die Hurrarufe auf den deutschen Kaiser und das spontan bei allen einsetzende »Deutschland, Deutschland über alles«. Wieder ein dreifaches Hoch auf den Monarchen und noch einmal. Extrablätter flatterten in die Menge. »Heil Dir im Siegerkranz«, »Deutschland, Deutschland ...«, »Schleswig-Holstein meerumschlungen« wurden immer

Der große Ratssaal vor 1914

wieder laut. Ein Lied, noch eins, Hochrufe auf Kaiser Wilhelm, Kaiser Franz Josef und König Viktor Emanuel, bis sich die Versammlung auflöste. Viele Frauen hatten Tränen in den Augen, aber ihre Männer rechneten damit, zu Weihnachten wieder zu Hause zu sein. Das Weihnachtsfest sollte aber noch Jahre auf sich warten lassen; denn keiner ahnte, was die neue Industrie aus dem Krieg gemacht hatte.

Der Anzeigenteil der Kieler Zeitung wurde zugunsten der vielen nun notwendig gewordenen Bekanntmachungen schlank und rar. Der Bekanntmachung über das Ausfuhrverbot sämtlicher Lebensmittel folgte der Aufruf der Pferdemusterung für die Aushebung der Mobilmachungspferde.

Inzwischen waren die ersten Soldaten blumengeschmückt von ihren Frauen am Bahnhof verabschiedet worden. Die Kriegsnot bescherte den Daheimgebliebenen unbequeme Einquartierungen, weil die Anzahl der militärischen Unterkünfte für Marine und Armee nicht ausreichend war: »Für Mannschaften vom Feldwebel abwärts ist nur enges Quartier zur Verfügung zu stellen. Sie haben nur Anspruch auf eine Lagerstätte von frischem, vom Quartiergeber zu lieferndem Stroh und auf eine Gelegenheit zur Aufbewahrung der Waffen und zum Niederlegen der Montierungs- und Ausrüstungsstücke sowie auf Mitbenutzung vorhandener Kocheinrichtungen. Offizieren ist volles Friedensquartier zu gewähren ...« Dieser vom Magistrat erlassenen Erklärung mußte jeder, der über entsprechenden Raum verfügte, Folge leisten. Gegen Entgelt, versteht sich; gemessen an den Unannehmlichkeiten allerdings sehr gering bemessen. Aber schließlich war ja Krieg ...

Das Rote Kreuz bemühte sich, zusammen mit dem Vaterländischen Frauenverein Liebesgaben für die Truppen zu sammeln. Gartenstraße 7 war die Sammelstelle. Hier füllten die beiden karitativen Verbände Pakete für die an der Front kämpfenden Soldaten mit Hemden, Strümpfen, Fußlappen, Rotwein, Schokolade, Kaffee, Tee, Keks, Waffeln, Zigarren und Zigaretten zu Tausenden. Textilhaus Wegner, Klinke 3, empfahl als Spende oder als Gabe an die im Felde stehenden Verwandten Wäsche in versandfertiger Verpackung. Den Aufrufen zur Spende von Liebesgaben folgten Nachrichten über die Erfolge der Soldaten. Kiel prangte dann jeweils in reichem Flaggenschmuck. Der Schulunterricht fiel öfter wegen großer Siege aus. Schon Ende August 1914 konnte die Kieler Zeitung triumphierend über den »Sieg auf der ganzen Westlinie« berichten. Deutsche Armeen sollten etwa acht Armeekorps französischer und belgischer Truppen zwischen Sambre, Namur und der Maas in mehrtägigen Kämpfen geschlagen haben. Um sich in ihrer Berichterstattung einen objektiven Anstrich zu geben, zitierte die KZ als Auslandspresse die Kopenhagener »Politiken«, die am 28. August über die Lage in Frankreich schrieb: »Wir empfingen gestern eine

Postkarte von vier jungen Dänen in Paris. Auf dieser Postkarte stand folgendes: Einen freundlichen Gruß an Dänemark von vier hungrigen Dänen im Restaurant an der Rue de Bach Nr. 16. Wir haben heute 10 Francs gezahlt für eine Sardine und einen geräucherten Hering in Öl. Das ist ungeheuer. Aber es sind ja interessante historische Zeiten. Alles wie 1870!«

Erfolge im Osten, Erfolge im Westen; bald aber auch die ersten Gefallenenmeldungen, die mit dem Verlauf des Krieges erschreckend mehr Platz in der Zeitung verschlangen. Die Präsenz des Krieges ließ den Bürger überhaupt nicht mehr los. Selbst in seiner Freizeit wurde er an ihn erinnert, wenn Vergnügungsetablissements Wohltätigkeitsabende und Konzerte zur Linderung der Kriegsnot gaben. Liedertafeln, Vereine und Verbände warben mit patriotischen Abenden für Spenden, Gaststätten zeigten Kriegsvorträge mit Lichtbildern. Die folgenden Jahre ließen den Bürger seinen Gürtel enger schnallen. Noch gab es zwar Erfolge an der Front, die daheim gefeiert wurden, aber im Lande selbst spitzte sich der Versorgungsnotstand zu. Ab 1915 fiel den Kommunen die Aufgabe zu, die ihnen zugeteilten Mehlvorräte unter die Bevölkerung möglichst gleichmäßig und gerecht zu verteilen. Die Brotmarke wurde geboren. Die Bevölkerung nahm neugierig-ängstlich die kleinen Markenheftchen entgegen; denn die Rationalisierung bedeutete eine nicht unbedeutende Einschränkung.

Der am 19. Oktober 1912 eingeweihte Schwertträgerbrunnen schmückte die Mitte des Rathausplatzes bis zu seiner Zerstörung am 19. Mai 1944. Der vom Bildhauer Adolf Brütt gefertigte bronzene »Schwertträger« stand nach dem zweiten Weltkrieg lange Jahre »versteckt« an der Seite des sandsteinernen Rathausmitteltraktes. Erst seit 1972 steht er wieder auf dem Rathausplatz, wenngleich auch an der Ostseite

Ein Blick in die Gasstraße (heute Rathausstraße) vor 1914. Sie bewahrte ihren Namen noch jahrelang nach dem Abbruch der alten Gasanstalt, die bis 1907 auf dem Gelände des heutigen Rathauses lag. Im Bild kreuzt die Waisenhofstraße die Gasstraße; rechts die 1893 geweihte St.-Nikolaus-Kirche ▷

Seit 1911 bestimmen zwei Türme das Bild von Alt- und Innenstadt: am Markt die gotische Nikolaikirche, am Kleinen Kiel das Rathaus mit seinem rund hundertfünf Meter hohen Campanile. Von der auf dem Bild sichtbaren Altstadtbebauung, teilweise Häuser mit interessanten, gangartigen Hofanlagen, ist kaum noch etwas vorhanden ▷

18
F.W.Meier
18

Der erste Weltkrieg zwang durch soziale Probleme und Hungersnot dazu, sich auch verstärkt um die Hinterbliebenen der Kieler Krieger zu kümmern. Um sie finanziell unterstützen zu können, riefen das Rote Kreuz und der Vaterländische Frauenverein 1915 zur U-Boot-Nagelung auf dem Alten Markt auf

Die Karten sollten eine Dauererscheinung des Krieges werden! Alle vierzehn Tage gab es in jeweils wechselnder Form neue Heftchen mit Gutscheinen für Mehl und Brot, wobei die tägliche Mehlmenge zweihundertfünfundzwanzig Gramm pro Kopf betrug. Für alle galt es, mit dem kostbaren Inhalt zu wirtschaften und vor dem Gang zum Kaufmann, bei dem man in der Kundenliste stand, genauestens zu kalkulieren. Waren aller Art, nicht nur Lebensmittel, wurden knapper und riefen schon Anfang 1915 gewaltige Preistreibereien hervor, gegen die von Amts wegen durch Einrichtung einer Preisprüfungsstelle vorgegangen wurde. Wenig später erfuhr die Lebensmittelrationalisierung ihre eigene Drosselung, da die Reichsverteilungsstelle die täglichen Pro-Kopf-Mehlmengen senkte. Für manche Menschen bedeutete es noch mehr Hungern, und aus Verzweiflung kam es häufig zu Plünderungen von Lebensmittelgeschäften. Festgenommene Männer und Frauen erhielten vom Gericht hohe Strafen wegen Landfriedensbruches.

Die Brotkarte bekam 1916 eine überaus reiche Verwandtschaft: die Zusatzkarte für Schwerarbeiter (siebenhundertfünfzig Gramm mehr Brot in vierzehn Tagen), die Butterkarte, die Fleischkarte, die Kartoffelkarte, die Seifenkarte, die Zuckerkarte, die Reisebrotkarte, die Eierkarte, die Vollmilchkarte und die Brotzusatzkarte für Jugendliche von zwölf bis siebzehn Jahren. 1917 mußte der Kieler zusätzlich mit der Magermilchkarte, der Räucherfischkarte, der Karte für frische Fische und der Käsekarte haushalten. Und das alles, weil die Feinde – namentlich die Engländer – eine Hungerblockade über das Reich verhängt hätten, so wenigstens die Presse.

Rückzug der Russen, die Österreicher in Lublin. Militärische Erfolge, dokumentiert durch Kriegsgedenksteine vor vielen Schulen, boten keinen Ersatz für den nach der Nahrungsknappheit einsetzenden Rohstoffmangel. Erneut mußte das Volk zur Kasse gebeten werden: Am 31. Juli 1915 erfolgte die Bekanntmachung über Beschlagnahme, Meldepflicht und Ablieferung von fertigen, gebrauchten und ungebrauchten Gegenständen aus Kupfer, Messing und Reinnickel. Diese Bestimmung erfaßte alles, von der einfachen Backform und der Bratpfanne bis hin zur Badewanne. Zunächst sollte die Bevölkerung durch freiwillige Abgabemöglichkeit zu einer möglichst großen Hergabefreudigkeit veranlaßt werden. Erster Abgabetag war der 10. August 1915, der sich für die Sammelstellen als Erfolg entpuppte. Zwar mußte man sich wesentlich mehr Zeit nehmen, als ursprünglich erwartet; denn die Palette des Metalls schillerte mehr als bunt: Wertvolle Teller, Becher und Kannen lagen dort neben Messinggerümpel und Blechstücken. Jeder brachte, was er vorgab zu haben . . . oft nur lästigen Ballast. Die weniger Bemittelten spendeten ehrlicherweise besonders reichlich. Die sorgsame Pflege, die viele Gegenstände gefunden hatten, sprach dafür, wie wertvoll sie den einzelnen Familien gewesen sein mußten. Viele trennten sich schwer von manchem Stück, aber die Kieler Zeitung überredete die Bürger mit dem Appell, daß man ja schließlich »für Krieg und Vaterland« gab und half.

Finanzielle Löcher sollte das Volk durch Zeichnung von Kriegsanleihen stopfen. Die fünfprozentigen Schuldverschreibungen waren seitens des Reiches bis zum 1. Oktober 1924 unkündbar; der Besitzer konnte sie aber wie jedes andere Wertpapier veräußern. Noch unmittelbar vor Kriegsende, Ende Oktober 1918, wurde für die letzte Kriegsanleihe die Werbetrommel gerührt.

Und noch ein Problem verlangte neben vielen anderen nach einer Lösung: Wer verrichtete anstelle der eingerückten Männer die notwendigen öffentlichen Arbeiten? Abhilfe wußte man recht bald. Statt eines Schaffners kassierten fortan grau-uniformierte Schaffnerinnen in den Straßenbahnen. Das

Ernst Barlach stellte in seinem am 29. Januar 1922 in der Nikolaikirche enthüllten Denkmal die Trauer über Verlorenes und vergangenes Elend dar: durch den verbildlichten Schmerz einer auf Wolken knienden Mutter. Leid und Unglück bedrängen sie rundherum in Form von Schwertern. Die Tafel wurde im letzten Weltkrieg zerstört.

wurde vom (männlichen) Publikum gerne akzeptiert. Fast überall versahen Frauen Dienst, den man ihnen zuvor nicht zugetraut oder nicht hat verrichten lassen: Morgens brachten sie die Milch in die Stadt, in den meisten Geschäften und Läden bedienten Frauen, und anstelle von Fensterputzern schwangen sich Vertreterinnen des schwachen Geschlechtes um die Fensterkreuze. Ging man zum Bahnhof an Schalter oder Fahrkartenausgaben, schoben einem nette, freundliche Damen die gewünschten Billetts auf dem Brettchen entgegen. Kriegsnot zwang zur »Duldung« der Weiblichkeit, die man Jahre zuvor noch verlacht hatte, wenn sie sich um eine geistige Partnerschaft zum Mann und um adäquate Bildungsmöglichkeiten bemühte. Kirche, Küche, Kinderzimmer sollten längst nicht mehr die einzigen Arbeitsbereiche der Frau sein.

Ende 1915 galt es, sich verstärkt um die Hinterbliebenen der Kieler Krieger zu sorgen. Öffentliche Gelder standen hierfür allerdings nur sehr minimal zur Verfügung. Man erinnerte sich daran, daß vor Monaten in Wien der »Eiserne Wehrmann« als Kriegsstandbild errichtet wurde. Eine große Anzahl deutscher Städte folgte diesem Beispiel durch Aufstellung von Standbildern zur Benagelung. In der Reichskriegshafenstadt Kiel mußte das Mal die Form eines U-Bootes, der erfolgreichsten Kriegswaffe, tragen, deren Schlagkraft Kapitänleutnant Otto Weddingen mit seiner »U 9« durch das Versenken englischer Panzerkreuzer bewiesen hatte. Sofort nahmen der Verein vom Roten Kreuz und der Vaterländische Frauenverein als Trägerinnen des Kieler Unternehmens das Vorhaben unter ihre Fittiche. Das Mal entwarf der Direktor der Handwerkerschule, Architekt Lennartz, nach dessen Plan es in den Modellwerkstätten der Germania-Werft in knapp vier Wochen gebaut wurde. Krupp von Bohlen und Halbach stiftete das vier Meter lange, goldgetönte U-Boot, das auf einer Eichensäule prangte. Einweihungstag sollte der 22. September 1915 sein, der Jahrestag der Weddingen-Tat. Von dem Augenblick an, in dem die Gemahlin Prinz Heinrichs von Preußen die ersten goldenen Nägel einschlug und den Hammer an ihn weitergab, wurde bis in die späten Abendstunden ohne Unterbrechung genagelt. Das Ergebnis ließ sich sehen: 58 Goldnägel und fast 200 Silbernägel erbrachten mit den übrigen Eisennägeln den Einstandsbetrag von etwa 9500 Mark. Ein Eisennagel: 1 Mark (Schüler und Militär ohne Rang 50 Pfennig), ein Silbernagel 10 Mark, 1 Goldnagel 100 Mark. Die Bewachung des kleinen Baldachins mit dem U-Boot besorgten je fünf Rotkreuzfrauen, die regelrechte Nagelzeiten festlegten: Wochentags von 11.30 bis 13.30 und von 17 bis 21 Uhr, sonntags von 12 bis 14 und von 15 bis 21 Uhr konnte gespendet und Metall ins Holz getrieben werden, wobei die wirtschaftlich besser Gestellten in Anzeigen aufgefordert wurden, nicht nur einmal, »sondern mehrmals, ja vielmals« zu nageln. Kam ein Spender zum unterhalb der Nagelbrücke gelegenen Schalter, mußte er Namen und Wohnort angeben; mit dem Nagelpreis erwarb er eine Spendeurkunde, die ihn zur Nagelung berechtigte. Rasch ging es ein paar Stiegen hoch zu den Rotkreuzfrauen, die sich mit ihrer Nagelwache alle zwei Stunden abwechselten. Sie händigten dem Spender den bezahlten Nagel aus und wiesen ihm am U-Boot eine Stelle zu, die er sofort mit Eisen, Silber oder gar Gold füllte.

Krieg und Spendenaufrufe gingen in der Folgezeit weiter, die Erfolge der Österreicher und der Deutschen nicht. Die ins Stocken geratenen Kämpfe zehrten an Nerven und Vorräten. Noch Mitte Oktober 1918, als Wilhelm II. bereits ein Waffenstillstandsangebot an US-Präsident Wilson gesandt hatte, sollten Durchhalteparolen der Heimat den Rücken stärken. Als dann am 24. Oktober 1918 Österreich-Ungarn fiel, glaubte niemand mehr an einen Sieg Deutschlands. Prof. Dr. Michael Freund erinnerte sich 1957 in Merians »Kiel«: »Am 20. Oktober hatte die Hochseeflotte Befehl erhalten auszulaufen. ›Die Hochseestreitkräfte sollen zum Angriff gegen die englische Flotte eingesetzt werden‹, so lautete der Befehl der Marineleitung. Das Gerücht schlich sogleich durch die Besatzungen, die jahrelang in ihren stählernen Bergwerken eingepfercht gelegen hatten: Man will uns opfern; ein heroisches Abenteuer und ein glorreicher Untergang ist für uns geplant,

In ehemaligen Repräsentationsräumen des Schlosses fanden seit November 1918 Wohnungsamt, Erwerbslosenfürsorge und Arbeitsnachweis Unterkunft

Beerdigung der Revolutionsopfer am 10. November 1918 auf dem Friedhof Eichhof ▷

mittlere und untere Offiziere hatten in der Tat die dumme Rede geführt, daß die Flotte mit wehender Flagge untergehen müßte.« Dergleichen war überhaupt nicht geplant. Die Flotte sollte lediglich zur flandrischen Küste auslaufen, um den Rückzug der schwerbedrängten Landarmeen zu decken. Die feindliche englische Flotte lag weit entfernt, weit im Norden in Scapa Flow. Sie hätte einen sehr langen Seeweg zurücklegen müssen, um den Kampf gegen die Deutschen aufnehmen zu können. Die deutsche Flotte hätte völlig ungeschoren davonkommen und zudem noch zur Deckung des Vorstoßes sämtliche U-Boote verwenden können, die ja ohnehin nicht mehr für den Handelskrieg benötigt wurden. Für die Engländer wäre ein Vorstoß nicht ohne Komplikationen verlaufen, da sie sich den in der Nordsee gelegten Minengürtel selbst »beschert« hatten. Einst wollten sie den Deutschen die Ausfahrt der U-Boote erschweren, nun hätten sie selbst die Kette zu überwinden gehabt.

Zur gleichen Zeit brodelte es gewaltig unter der Matrosenschaft, die sich mit der Behandlung durch ihre Vorgesetzten und der Inhaftierung von Kameraden nicht einverstanden erklärte. Ständig häuften sich Klagen über die Zurücksetzung der Mannschaften durch die Bevorzugung der Offiziere bei Verteilung der aus der Heimat kommenden Liebesgaben. Ein Beispiel trug sich auf einem der Marineschiffe zu, als die Mannschaften zur Zufriedenheit und Sparsamkeit ermahnt wurden. Am selben Tage jedoch veranstalteten die Offiziere für sich selbst ein sieben Gänge umfassendes Essen. Kritik durften und konnten die einfachen Matrosen nicht üben. Taten sie es dennoch auf ihren Feldpostkarten, wunderten sich die Daheimgebliebenen über die fett durchgestrichenen Passagen. Die Zensur eliminierte sämtliche »unliebsamen« Sätze. Gegen den Willen ihrer Kapitäne holten die Matrosen auf den Schiffen die Kriegsflagge ein und hißten an ihrer Stelle die rote Fahne. Dagegen angehende Kapitäne wurden zum Flaggenwechsel gezwungen. Auf der »König« hatte sich Kommandant Weniger mit zweien seiner Offiziere vor die Kriegsflagge gestellt; wenige Minuten später fand er den Tod – erschossen, jedoch nicht von den eigenen Leuten, sondern von Besatzungsmitgliedern eines Nachbarschiffes.

Die vom Admiral Souchon mobilisierten Truppen der 1. Werftdivision halfen ihm überhaupt nicht, den beginnenden Aufstand niederzuschlagen: Entweder waren sie zu den Matrosen übergelaufen oder hatten sich – oft freiwillig – entwaffnen lassen. Ein von auswärts herbeigerufener Trupp Soldaten, gerade am Bahnhof angekommen und stürmisch von einem Wald roter Fahnen empfangen, schloß sich größtenteils den Revolutionären an. Souchon weigerte sich anfangs kategorisch, die meuternden Soldaten überhaupt anzuhören oder eine von ihnen gesandte Delegation vorzulassen. Wenige Tage später revidierte er seine starre Haltung, ließ Vertreter der Soldaten ins Stationsgebäude kommen und versicherte, Gefangene freizulassen, die nicht entehrende Taten begangen hatten. Ein langer Demonstrationszug bewaffneter Soldaten, gemischt mit Musikkapellen und eifrigen Trägern von roten Fahnen, holte die Gefangenen aus der Arrestanstalt in der Feldstraße ab. Erst seit wenigen Tagen übte Souchon sein Amt als Gouverneur von Kiel aus. Anfang des Krieges schuf er sich einen Namen als Kommandeur des Mittelmeergeschwaders, das er nach Konstantinopel führte.

Inzwischen trafen Staatssekretär Hausmann und der Reichstagsabgeordnete Noske aus Berlin in Kiel zur »Beobachtung der Lage« ein. Hausmann weilte nur zwei Tage, Noske nahm sich der Situation genauer an. Zwei Jahre später schilderte er seine Revolutionseindrücke (VZ 31. Juli 1920): »In der Kieler Bahnhofshalle hat es stets ein Gewimmel von Blaujacken gegeben. Als ich die Bahnsperre passierte, stutzte ich doch beim Anblick der vielen Soldaten mit einem Gewehr in der Hand.

Der Verband aktiver Unteroffiziere rebellierte im Dezember 1918 gegen das befohlene Ablegen von Rangabzeichen ▷

bleib ruhig

In dem Augenblick rief jemand meinen Namen. Da erdröhnte die Halle von brausendem Hurra, und hundert Hände streckten sich mir entgegen. Eine Schar der Bewaffneten drängte meine Begleiter von mir ab und schob mich nach dem Ausgang zu. Die Leute hatten von meinem Kommen gehört. Dem Namen nach war ich vielen aus meiner Parlamentstätigkeit bekannt. Ohne Überlegung, was ich von ihrem Verhalten denken könnte, nahmen sie mich als ihren Wortführer in Beschlag.« Aufrecht stehend schwang ein Mann eine rote Fahne und schrie immer wieder mit schon heiserer Stimme: »Es lebe die Freiheit!«

Dann ging es zum Wilhelmplatz (ab 1927 »Platz der Republik«). Auf dem Wege dorthin wurde Noske über die jüngsten Ereignisse kurz unterrichtet: Tausende Marinemannschaften bewaffnet, Offiziere völlig machtlos. Trotz der stark überfüllten, gut beleuchteten Straße bekam der Gast aus der Reichshauptstadt nicht das Gefühl, an einem Revolutionsort zu sein. »Männer und Frauen lachten, wenn mein fahnenschwingender Begleiter seinen Freiheitsruf ertönen ließ. Unbewaffnete Blaujacken flanierten wie sonst mit ihren Mädchen.« Auf dem Wilhelmplatz wühlten sich Tausende von Arbeitern, Soldaten und Mädchen zu Noskes Auto hin. Freudige Begrüßung von der Menge, einige boten ihm ihre jüngsten Trophäen an: erbeutete Offizierssäbel, die der Reichstagsabgeordnete aber dankend ablehnte. »Als das Auto langsam durch die Menge fuhr, fiel ein Schuß. So ernst die Situation auch war, wirkte es doch furchtbar komisch, mit welcher Schnelligkeit die Menschenmasse auseinanderstob. Die allgemeine Flucht wurde zum Davonrasen, als an den verschiedensten Stellen geschossen wurde. Man schoß wie toll in die Nacht hinein, offenbar nur nach oben; denn ich habe nicht gehört, daß es Tote oder Verwundete gegeben hat. Nach Sekunden war der Platz leer, Schüsse knatterten weiter.« Dann zum Gewerkschaftshaus, wo Noske die ersten konkreten politischen Forderungen erfuhr, die von den gewählten Soldatenräten der Kompanien vorgebracht wurden: Abdankung der Hohenzollern, Einführung des gleichen Wahlrechts für beide Geschlechter, Freilassung politischer Gefangener.

Während der Oberbürgermeister am 5. November 1918 per Zeitung den Appell an die Bürger richtete, keine Gerüchte zu glauben oder zu verbreiten und streng Ordnung zu halten, gärte ein Unruhegefühl unter den Soldaten. Sie vermißten die große Reaktion von seiten des Reiches. Zu groß waren ihre persönlichen Opfer, zuviel Tote stellten die traurige Bilanz der Zusammenstöße mit Offizieren oder mit aufgebrachten Truppen Souchons. Jetzt drängte man auf eine Lösung. Sie kam schneller als erwartet. Schon am 7. November konnte Noske, legitimiert durch einen telefonischen Regierungsauftrag, Souchon im Stationsgebäude aufsuchen und ihm mitteilen, daß ihm, Noske, die Befehlsgewalt übertragen worden sei. Souchon räumte binnen fünf Minuten sein Amtszimmer, versprach aber, auch künftig beratend zur Verfügung zu stehen. Soldatenratchef Gustav Noske zeigte sich allmählich über den Stand der Dinge befriedigter: Die Schießereien hatten aufgehört, Theater und Kinos öffneten wieder, und die Kieler unterhielten sich in der Revolutionswoche mit der Oper »Tiefland« oder den Operetten »Rose von Stambul« und »Auf Befehl der Kaiserin«. Nur die Straßen blieben jetzt und in der Folgezeit dunkel. Die Lichtfülle der Friedenszeit war längst fremd geworden; denn das Gas für die Straßenbeleuchtung fand für Kochzwecke seine Verwendung. Noskes Mission hatte sich gemäß seinen Erwartungen erfüllt: Er war gekommen, um »die Dinge zu ordnen«; er hatte sie geordnet und sich gleichzeitig an die Spitze des Soldatenrates gestellt, weil es keinen anderen gab. Rückblickend beklagte er: »Fast jede Entscheidung sollte von mir persönlich getroffen werden. Das galt von den wichtigsten Fragen bis herab zur Stiefel- und Hosenlieferung für einzelne Leute und der Beschaffung verlorener Lebensmittelkarten.«

Eine der Hauptforderungen der Soldaten war noch unerfüllt: die Abdankung des Kaisers. Während Reichskanzler Prinz Max von Baden bereits Friedrich Ebert das »Deutsche Reich ans Herz legte«, dachte Wilhelm seinerseits nicht an Abgabe seiner Macht. Erst nachdem auch Hindenburg ihn zum Rücktritt und in aller Offenheit zur Flucht nach Holland überreden wollte, zeigte sich Wilhelm zu einem Zugeständnis bereit: Er gedachte nach langem Hin und Her, als Kaiser abzudanken, nicht aber als König von Preußen. Noch bevor Wilhelm diese Nachricht nach Berlin übermitteln konnte, hatte der Kanzler über seinen Kopf hinweg gehandelt und freiweg geäußert: »Der Kaiser und König hat sich entschlossen, dem Thron zu entsagen. Der Reichskanzler beabsichtigt, dem Regenten die Ernennung des Abgeordneten Ebert zum Reichskanzler und die Vorlage eines Gesetzentwurfes wegen der sofortigen Ausschreibung allgemeiner Wahlen für eine verfassungsgebende Nationalversammlung vorzuschlagen ...«

Tatsächlich dankte Wilhelm noch am selben Nachmittag, am Sonnabend, dem 9. November 1918, ab, und Scheidemann rief in Berlin von einem Fenster des Reichstagsgebäudes den Massen zu: »Die Hohenzollern haben abgedankt. Es lebe die Republik.« Zur gleichen Zeit verließ Prinz Heinrich von Preußen, der Bruder des ehemaligen deutschen Kaisers, die alte Marinestadt. Er fand in Gut Hemmelmark bei Eckernförde bis zu seinem Tode im April 1929 eine neue Bleibe.

Die Revolution hinterließ keinen Scherbenhaufen, ihn hinterließ der Krieg, der längst verloren war, ehe die Revolution überhaupt ausbrach. Der eiserne Besen der Soldatenräte hatte das alte System rücksichtslos weggefegt.

In erster Linie galt es, im Lande selbst wieder für menschenwürdige Zustände zu sorgen und Not zu lindern. Arbeits-, Wohnungsnachweis und Erwerbslosenfürsorge wurden ab Dezember 1918 vom Kieler Schloß aus erteilt. Kaum sprach sich die Existenz der Fürsorgestelle herum, häuften sich täglich zu Hunderten die Anträge Bedürftiger. Dabei wurde streng darauf geachtet, daß sich jeder meldende Erwerbslose der zugewiesenen Arbeit annahm, auch wenn sie nicht unbedingt in sein Fach schlug.

Die Revolution bedeutete keineswegs ein Ende der Nachkriegsunruhen. Bereits in den ersten Dezemberwochen 1918 gärte die Wut der Marinechargen über einen vom Reichskongreß der Arbeiter- und Soldatenräte gefaßten Beschluß, der das Abtrennen von Rangabzeichen forderte. Etwa zwanzig-

Der 25. Mai 1919, der »Schleswig-Holstein-Tag«, richtete sich mit seinen Kundgebungen gegen die Abtrennung Nordschleswigs

tausend Unter- und Deckoffiziere fanden sich am Sonntagmorgen des 19. Dezember auf dem Wilhelmplatz ein. Mit acht Musikkapellen und etwa hundertzwanzig Kundgebungsschildern ging der Zug zum Stationsgebäude. Sofort marschierte eine Abordnung des Verbandes aktiver Unteroffiziere der Reichsmarine und des Deckoffizierbundes unter Leitung des Vorsitzenden – Bootsmannsmaat Hirschmann – in den roten Backsteinbau, um ihre Forderungen in zwei Entschließungen zu überbringen. Unten johlte die Menge, oben begannen die Vertreter ungefähr einstündige Verhandlungen mit Gouverneur Noske und dem Obersten Soldatenrat. Noske versicherte in seiner Ansprache an die Demonstranten, daß die gestellten Forderungen von ihm berücksichtigt und in entsprechender Form an die Reichsregierung weitergegeben würden. Applaus. Während seiner Gouverneurszeit würde er das Entfernen von Abzeichen der Unteroffiziere nicht zulassen. Erneut stürmischer Beifall. Hurra auf Noske. Lärm, der ihn am Weiterreden hinderte, erntete dagegen das Mitglied des Obersten Soldatenrates, Artelt, als auch er zu einer Ansprache ans Fenster trat. Er appellierte an die Menge, sich nicht zu beunruhigen, es läge nur ein »Mißverständnis« vor. Erst Noske konnte durch erneutes Eingreifen die aufgebrachte Menge beruhigen.

Berichte über Aufregung, Proteste und Kundgebungen am laufenden Band wegen der Friedensverhandlungen in Versailles waren das tägliche Brot der Kieler Zeitung. Sollte Deutschland zerstückelt werden? Wie hoch die Reparationen? Was sollte aus Heer und Marine werden? Eine existenzwichtige Frage für Kiel, zumal die Marine schon längst nicht mehr den breiten Strom des großen Geldes herführte, von dem Tausende einst gezehrt hatten.

Besonders erhitzte der zwölfte Abschnitt des künftigen Friedensvertrages die Gemüter: Es ging dort um die Grenzen zwischen Deutschland und Dänemark, die entsprechend den Wünschen der Bevölkerung per Volksabstimmung festgesetzt werden sollten. Neben dem allgemeinen scharfen Protest gegen die Friedensbedingungen kursierten Gerüchte über den möglichen Nordschleswig-Abstimmungstag. Mit dem »Schleswig-Holstein-Tag« wollten die Landesbewohner ihre Abneigung gegen einen Anschluß an Dänemark demonstrieren. Tausende von Plakaten wiesen die Kieler auf diesen Tag hin, der am 25. Mai 1919 mit einer Großkundgebung die Abtrennung Nordschleswigs zu verhindern suchte. Die Plakate zeigten auf blauem Grund eine von einem roten Band mit der Inschrift »Up ewig ungedeelt« umschlungene Doppeleiche, deren Stamm die Wappen der beiden Herzogtümer Schleswig und Holstein trug.

Eigens für den 25. Mai schleppte man die schon uralten Mitkämpfer von der 1848 gescheiterten schleswig-holsteinischen Erhebung, die der Kundgebung in bereitgestellten Wagen beiwohnten, herbei. Erneut brachte die KZ das Versailler Vorhaben, in Nordschleswig eine in drei Zonen geteilte Abstimmung durchzuführen, ins Gedächtnis: »Der Wahnsinn der Abstimmung in drei Zonen, bis zur Schlei und zur Eider, ist in den letzten Wochen auch dem Blödesten offenbar geworden.« Festlich war die Stadt mit Flaggen geschmückt, und auf Straßen sowie Versammlungsplätzen verkauften Frauen und Mädchen den ganzen Tag über Abzeichen, Postkarten, Kundgebungsprogramme, deren Erlös allein der Nordmark zufallen sollte. Ein größeres Polizeiaufgebot achtete darauf, daß kein Demonstrant über die Stränge schlug. In ihrem grauen Uniformtuch und dem klobigen Tschako gehörte die Polizei zur neuesten Erscheinung im Kieler Stadtbild. Pickelhauben und königlich-blau gekleidete Schutzleute gab es nicht mehr.

14.30 Uhr: großes Treffen auf dem Wilhelmplatz; 15 Uhr: Abmarsch. Mindestens zwanzigtausend Menschen, Magistrat, die Wagen mit den Achtundvierzigern, Gesangvereine, ganze Schulen, Musikkapellen und Sportklubs setzten sich in Form einer Riesenschlange in Bewegung. Die Spitze des Zuges erreichte bereits das Ziel, den Sport- und Spielplatz, als die letzten noch am Wilhelmplatz auf Abmarsch warteten. Sie zogen durch die Innenstadt. Überall dichtbesetzte Fenster und lebhaft mit Fähnchen winkende Zuschauer. Alle Hauptstraßen dröhnten von Hoch- und Hurrarufen; der Verkehr stoppte – die Straßenbahn war völlig lahmgelegt. Über eine Stunde fluteten die Zwanzigtausend durch Kiel; ständig schlossen sich weitere Mitläufer an. Im Endeffekt zählte man auf dem Sport- und Spielplatz etwa fünfundzwanzigtausend Demonstranten. Im Februar 1920 wirkte das Abstimmungsergebnis in der ersten Zone wie ein Schock: nur fünfundzwanzig Prozent deutsch; in der zweiten Zone verhielt es sich wenig später umgekehrt.

Der Friedensvertrag mußte am 28. Juni 1919 bedingungslos unterzeichnet werden. Eine schwere Zeit sollte im hochverschuldeten Deutschland – 265 Milliarden Mark – folgen. Eine unruhige Zeit, reich an politischen Morden und Putschversuchen.

In Kiel ging der Kapp-Putsch nicht ohne hohe Verluste vorbei. Initiiert wurde der Umsturzversuch durch den Führer der Vaterlandspartei, den Königsberger Generallandschaftsdirektor Wolfgang Kapp. Sein Ziel hieß: Einrichtung einer Militärdiktatur in ganz Deutschland und eine unbedingte Verhinderung der Verringerungen von Heer und Marineeinheiten. In Zahlen ausgedrückt sah das so aus, daß das Heer nach Versailler Vorschriften nur noch einhunderttausend Mann, die Marine fünfzehntausend umfassen sollte. Schnell setzte Kapp Reichskanzler Bauer mit bewaffneter Macht ab, der mit seiner Regierungsmannschaft nach Dresden, dann nach Stuttgart auswich – nicht ohne zuvor zum Generalstreik »auf der ganzen Linie« aufgerufen zu haben. In Kiel folgten die Arbeiter um zwölf Uhr des Putschsonnabends, den 13. März 1920, dem Aufruf, ohne erst den offiziellen Startschuß ihrer örtlichen Parteileitungen (SPD, USPD und KPD) zu erwarten. Versammlungen irgendwelcher Art blieben verboten. Dafür sorgte der Kieler Kapp-Anhänger von Levetzow, seines Zeichens Militärbefehlshaber des Gouvernementsbereichs Kiel. Zweitausend Arbeiter störte das überhaupt nicht. Sie zogen hinüber zur Reichswerft, um sich dort zu bewaffnen, wurden aber von Levetzows Leuten gleich von zwei Seiten überrascht und mußten fliehen. Abends krachten hier und da in Gaarden und im Altstadtgebiet einige Schüsse; Truppen der Reichswehr bestimmten das Stadtbild. Am gleichen Tage gab der Magistrat eine Erklärung über seine Haltung gegenüber den Putschisten ab, die allerdings erst am 16. März zu lesen war, weil von Levetzow in der Zwischenzeit eine Zeitungszensur eingeführt hatte: »Der Magistrat der Stadt Kiel steht nach wie vor auf dem Boden der Reichs- und Staatsverfassung und hält Treue der aus den allgemeinen Volkswahlen hervorgegangenen Regierung. In diesem Sinne wird der Magistrat der Stadt die Geschäfte weiterführen. Er fordert die Bevölkerung auf, Ruhe und Besonnenheit zu wahren und sich jeden Eingriffs in öffentliches oder privates Eigentum zu enthalten.« Während der gesamten Tage kam es zu Zusammenstößen zwischen Militär und Zivilisten, unter denen ein großer Teil als »kappistisch« galt. Vor allen Dingen erwärmten sich Schüler und Studenten für den politischen »Revolverhelden«. Auch nach dem 17. März, als Kapp in Berlin sein Scheitern zugeben und fliehen mußte, dachte Levetzow in Kiel nur in seinen kühnsten Träumen an ein Eingeständnis des Fehlschlags. Er ließ zwar auf der einen Seite politische Gefangene frei, auf der anderen Seite aber seine Truppen weiterhin bewaffnet durch die Stadt marschieren. Eine unerhörte Provokation! Die hochexplosive Spannung machte sich Luft in der Nähe des Gewerkschaftshauses, wo sich bewaffnete Arbeiter mit den bis an die Zähne bewaffneten Soldaten ein blutiges Gefecht lieferten.

Erfolg: Ein Sieg der Arbeiter, die daraufhin mit Patrouillen das Stadtgebiet kontrollierten. Traurige Bilanz der Straßenkämpfe: zweiundzwanzig Tote auf seiten der Arbeiterschaft, sechzig mußten die Putschisten verbuchen.

Währenddessen war im Gewerkschaftshaus der Teufel los: Verhaftete Soldaten wurden hineinbefördert und verhört, danach erschien ein Zivilist und bat um einen Waffenschein. Ein anderer wünschte einen Ausweis, um trotz des ausgerufenen Generalstreiks mit seinem Fuhrwerk durch die Stadt zu fahren. Ausweise über Ausweise wurden erteilt, pausenlos sausten Stempel auf irgendwelche Papiere.

Das Fort Falckenstein wurde 1920 nach den Versailler Bestimmungen gesprengt und abgetragen

Unruhen, politische Morde und Putschversuche bestimmten die politische Landschaft in den frühen zwanziger Jahren. In Kiel ging der Kapp-Putsch im März 1920 nicht ohne Folgen vorbei. Bei Schießereien und Straßenschlachten waren über achtzig Todesopfer zu beklagen. Das Bild zeigt Folgen der Kämpfe am Schaufenster des Hutgeschäftes Pretzel (Annenstraße)

18. März 1920: Der Kapp-Putsch war gescheitert. Offiziere, die auf der Seite der Putschisten gestanden hatten, wurden vor dem Gewerkschaftshaus verhört

Notgeld der Stadt zur Herbstwoche 1921 – als Kiel noch Messestadt werden sollte – und zur Inflation 1923

Endlich sollten die Zeiten für Kiel wieder etwas ruhiger werden – politisch ruhiger. Gerne nahm man sinkende Preise zur Kenntnis. Die Marken waren bald für den größten Teil der Waren nicht mehr erforderlich. Es schien mit der Wirtschaft bergauf zu gehen. Nachdem Kiel vom bisher wichtigsten Gewerbezweig, dem Kriegsschiffbau, Abschied nahm, entschloß sich die Stadtverwaltung, Kiel als wichtiger Wirtschafts- und Handelsstadt in den »goldenen Zwanzigern« zu Rang und Namen zu verhelfen. Erster Schritt im Sommer 1920: die Einrichtung einer Börse im Hotel Germania, günstig in Bahnhofsnähe gelegen. Hier konnten Wertpapiere sonnabends zwischen 12.30 und 13.30 Uhr gehandelt werden. Zweiter Schritt: Ein Handels- und Umschlaghafen mußte her. Neben Im- und Exporten sollten in Kiel vor allen Dingen Waren der Überseedampfer umgeschlagen, d. h. auf Ostseedampfer umgeladen werden. Darüber hinaus konnte 1921 auf dem Gebiet südlich der Holtenauer Schleuse der Freihafen zur Belebung der Kieler Wirtschaft in Betrieb genommen werden. Die offizielle Einweihung fand erst am 12. April 1924 statt.

Dritter Schritt: Kiel sollte Messestadt werden – ein tollkühnes Vorhaben in einer noch recht unstabilen Zeit. Die Stadt bemühte sich nach Leibeskräften, für ihre erste Herbstwoche vom 11. bis 19. September 1920 gewaltig die Werbetrommel zu rühren. Großanzeigen und Plakate kündigten zahlreiche künstlerische Darbietungen an: Opern im Stadttheater, Schauspiele im Schauspielhaus und Konzerte an den verschiedensten Stellen der Stadt. Die Herbstwoche sollte ein Pendant zur Kieler Woche werden, nur mit einem klaren künstlerisch-wissenschaftlichen Akzent. Hervorragende Mitwirkende aus allen Teilen des Reiches und Wissenschaftler aus dem neutralen Ausland konnten gewonnen werden. Bei der ersten sowie den folgenden Herbstwochen schlossen sich als »Verlängerung« ständig Tagungen und Kongresse verschiedenster Vereine und Verbände an. Seit Herbst 1921 bereicherte die Nordische Messe das Wirtschaftsgeschehen Kiels, deren technische Ausstellungsabteilung ab 1923 im Meßhof auf dem Augustenburger Platz untergebracht war. Ein vollständiger Meßrundgang umfaßte außerdem die Fischhalle, die Seeburg, das Logenhaus am Lorentzendamm und das Kasuhaus in der Bergstraße. Besonders groß erwies sich das Interesse der nordischen Länder bei dieser Warenschau großen Stils. Ab 1925 sorgte die vom Architekten Ernst Prinz auf dem Prof.-Peters-Platz (an der Gutenbergstraße) errichtete Nord-Ostsee-Halle für zusätzlichen Ausstellungsraum. Der Vorgänger unserer heutigen Ostseehalle wurde im zweiten Weltkrieg völlig zerstört.

Mit ihren Messen dachten die Stadtväter auch an vollere private Geldsäckel. Allein die Vorbereitungen brachten Tischlern, Malern, Zimmerleuten usw. ansehnliche Einkünfte. Das Hilfspersonal stellte während der Messetage ein großer Teil Erwerbsloser. Sie verdienten sich ein kleines Entgelt als Kontrolleure, Hausinspektoren, Kassierer, Reklameträger und Zettelverteiler. Die Stadt selbst ließ natürlich während dieser Tage ihre Steuerkasse nicht in der Ecke verstauben: Städtische Beherbergungssteuer, städtische Lustbarkeits- und Vergnügungssteuer sorgten wenigstens während der Messetage nicht für eine Bestätigung des Rathausturmuhrspruches. Die letzte Messe sah Kiel 1925, da nach der Währungsfestigung nur noch die größten Messen Deutschlands Lebenschancen hatten.

Seit 1925 stand die Nord-Ostsee-Halle am Professor-Peters-Platz für Messen und Großveranstaltungen zur Verfügung

Die Nordische Messe auf dem Augustenburger Platz 1921 (heute Gelände der Hauptpost am Stresemannplatz)

Die wirtschaftlichen Wiederaufbaugedanken der Stadt bekamen einen entmutigenden Dämpfer aufgedrückt: Ständig fuhren englische Schlepper in den Hafen, um Werftteile als Reparationsleistungen zu beschlagnahmen. Was sollten die Deutschen noch damit? Schiffe bauen durften und konnten sie ja nicht mehr. Als die Engländer in den Monaten August, September 1920 mit allen großen Werftdocks, darunter mit einem 40 000-Tonnen-Schwimmdock, verschwanden, wirkte der Hafen breiter und sehr viel kahler.
Drüben auf dem Ostufer hatte das Reich die Außenmole des Arsenals pachtweise der Stadt für den Bau einer Abwrackwerft zur Verfügung gestellt. Vierhundertfünfzig Menschen fanden dort Arbeit; aber was war das schon im Vergleich zu den vorher vorhandenen Marine- und Werftanlagen. Die Versailler Bestimmungen forderten nicht nur eine konsequente Verringerung der Marinebesatzung, sondern hart und unnachgiebig das Abwracken der auf den Helligen liegenden oder in der Ausrüstung begriffenen Kriegsschiffe. Dieser Vernichtung fielen drei große Zerstörer, U-Boote und das 28 000 Tonnen schwere Linienschiff »Sachsen« zum Opfer. Gleichzeitig sollten alle für die Schiffe im Bau befindlichen Antriebsmaschinen verschrottet werden, darunter ein 12 000-PS-Motor, der als der größte seiner Zeit galt.
Die Privatwerften betrieben bereits vor dem Krieg Handelsschiffbau; für die Kaiserliche Werft stellte sich eine Produktionsumstellung wesentlich schwieriger ein, weil sie zuvor nur für die Ausrüstung und Instandhaltung der Marinefahrzeuge arbeitete. Die Umwandlung in die »Deutschen Werke« führte fortan zum Bau von Handelsschiffen, Motoren und neuartigen Triebwagen sowie zur Ausbesserung von Lokomotiven und zum Bau von Eisenbahnwagen.
Hörbar waren die Vernichtungsarbeiten an der Außenförde. Dumpfes Krachen und gewaltige Knalle kündeten von größeren Explosionen. Alles, was auch nur jemals mit der militärischen Hafenbefestigung zu tun gehabt hatte, mußte auf Befehl der Entente dem Erdboden gleichgemacht werden. Die Forts »Herwarth«, »Falckenstein«, »Stosch«, »Korügen« und »Röbsdorf« flogen allesamt dynamitgeladen in die Luft, so daß kein Stein mehr auf dem anderen blieb. Was durch Sprengungen nicht zerrissen wurde, wurde sorgsam nachgeprüft und mußte hernach von deutschen Arbeitern – nach Anweisungen fremder Offiziere – zerstückelt werden. Selbst die alte Strandbatterie Möltenort, deren militärischer Wert längst unter die Brauchbarkeitsmarke gesunken war, blieb nicht verschont und wurde abgetragen.
In den menschenunwürdigen Kasematten der alten Friedrichsorter Festungen mußten Flüchtlinge aus Nordschleswig noch lange Jahre leben. Sie waren entweder arm oder bekamen wegen ihrer zu hohen Kinderzahl woanders keine Wohnung. Für zwei Mark Miete im Monat lebten sie dort in modrigen Kammern, die das pure Gegenteil eines »trauten« Heimes waren.
Es war einfach wie verteufelt: Die Stadt trug sich mit besten Ideen und bekam von einer ganzen Kompanie Nullen, die sich hinter die Mark reihte, Knüppel zwischen die Beine geworfen. Große Summen wurden von der Stadtverordnetenversammlung ohne großes Gerede bewilligt. Gewaltig hörten sich die Zahlen an, hinter deren Wert aber nur der berühmte Pappenstil steckte. Die KZ klagte am 18. Juli 1923: »So rapide geht die Inflation weiter, daß man den Betrag, den man Anfang Juni für eine Sache bewilligte, heute vervierfachen muß und doch damit kaum die Hälfte von dem noch erreichen kann, was beabsichtigt war. Ja, der Zustand geht so weit, daß man feste Summen überhaupt nicht mehr einsetzt, sondern zum Beispiel einer Schule sagt, ihr könnt das anschaffen, was zu beschaffen für nötig befunden worden ist; was es kostet, wird bezahlt.« Die Papiermark verschlechterte sich in einem rasanten Tempo; jeder fürchtete die großen, massenweise gedruckten Millionen-Mark-Scheine und die himmelschreiende Knappheit der Zahlungsmittel. Wenige konnten auf den einfachen Preisschildern die Hundertschaft der Nullen sofort überblicken und glasklar aussprechen. Den Leseschwierigkeiten der Kunden standen die sich leerenden Lagerräume der Kaufleute gegenüber. Hatten sie Zeit, neue Ware einzukaufen, hatte ihr Geld schon wieder an Wert verloren. Ging man durch die Innenstadt, sah man Geschäfte, die auf Stunden oder auf unbestimmte Zeit geschlossen waren. Der eine bediente nicht bis zur Klärung der Wirtschaftskrise, der andere gab unaufschiebbare Arbeitsverrichtung vor, der dritte konnte keine Ware mehr anbieten, der vierte mußte seinen Laden ganz dichtmachen, weil ihm die Mittel zur Aufrechterhaltung des Betriebes fehlten. Trotzdem schien die Devise Kaufen, Kaufen und nochmals Kaufen zu heißen; denn einen Tag später wäre das Geld nur noch einen Bruchteil vom Vortagswert wert gewesen. Schnell griff man überall zu: bei Möbeln, im Seifenhaus, Karstadt bot Damenhüte für nur neunzehn Millionen Mark an – schon einen Tag später konnte es teurer sein!
Die Riesengeldscheine gingen bis in die Billionen. Endlich, Ende November, kam den Kielern das richtige Weihnachtsgeschenk: Die Mark hatte wieder ihr Komma und den lange vermißten Pfennig mitgebracht.

Im Verhältnis zu anderen Städten erhielt Kiel nach dem ersten Weltkrieg vom Reich und vom Land Preußen wenig Subventionen. Universität, Theater, Industrie, Hafen und Sport baute die Stadt zum größten Teil durch Eigeninitiative auf. Der städtische Haushalt wurde dabei mehr als strapaziert. Beliebtester Angriffspunkt für Einsparungen waren damals wie heute Theater und Schauspielhaus. Während die Schließfreudigen auf mangelnden Besuch verwiesen, wetterte die Gegnerschaft über den schlechten Spielplan.
Die Musentempel wurden nicht geschlossen, die Stadt ersann neue Möglichkeiten, um wenigstens einige Tage des Jahres, außerhalb der Kieler Woche, im allgemeinen Blickwinkel zu stehen. Gelegenheiten boten sich schon recht bald; denn für den 29. Mai 1927 kündigte sich der »Held von Tannenberg«, Reichspräsident von Hindenburg, an. So etwas sah Kiel seit der vergangenen Wilhelminischen Ära nicht mehr: Straßenzüge, durch die das Staatsoberhaupt fahren sollte, ertranken förmlich im Flaggen- und Girlandenschmuck; undurchdringbare Menschenmauern, Hoch- und Hurrarufe zur Be-

Bei der Ankunft des Reichspräsidenten von Hindenburg am 29. Mai 1927 stand neben Truppenparade, Hafenrundfahrt und Empfang im Rathaus ein Besuch der Universität auf seinem Programm. Rektor Haseloff begrüßte das Staatsoberhaupt vor dem Eingang der Lehr- und Forschungsstätte

Und noch ein Ereignis interessierte die Kieler: der Besuch der Do X am 26. Juli 1932, jenes von Claude Dornier entwickelten, zwölfmotorigen Flugboots

KIELER NEUESTE NACHRICHTEN

Die Kehdenstraße um 1939. Links, auf Höhe des Verkehrszeichens, mündet die Faulstraße ein

◁ *Der zugefrorene Hafen Ende Januar 1922. Die Handelsschiffahrt wurde stark behindert, der Hafendampferbetrieb konnte nur mit Mühe aufrechterhalten werden*

◁ *Trotz größter Anstrengungen von seiten der Stadtverwaltung setzten sich Kiels Messen nicht gegen die größeren in anderen Städten durch. Eine der letzten Schauveranstaltungen sollte im Oktober 1928 eine Lichtwerbewoche sein, wobei sich alle Repräsentationsgebäude – hier Rathaus und Stadttheater – festlich illuminiert zeigten*

◁ *Das 1906 in der Fleethörn errichtete Verlagsgebäude der »Kieler Neuesten Nachrichten«. Noch heute existiert Kiels Zeitungstradition bei den »Kieler Nachrichten« in Untertiteln. Die »KN« weisen nicht nur auf den Vorgänger »Kieler Neueste Nachrichten« hin, sondern auch auf die »Kieler Zeitung« von 1864, die bis 1936 ihre Konkurrenz war*

grüßung. Truppenparade, Hafenrundfahrt und Besuch in der Universität standen tags darauf auf dem Programm des »Ersatzkaisers«. Vor dem Rathaus traf er fünfunddreißigtausend Menschen an. Keinesfalls alles Kieler. Die Eisenbahnen spuckten endlose Menschenmassen aus völlig überfüllten Zügen aus.

Für das Jahr 1928 sah die Stadt eine Veranstaltungswoche außerhalb des üblichen Rahmens vor: Vom 20. bis 24. Oktober wollte Kiel »für mehr und besseres Licht auf allen Gebieten« werben. Städte wie Frankfurt a. M., Rostock und Berlin konnten von zuvor durchgeführten Lichtwochen nur Erfolge berichten. Unter dem Schlagwort »Kiel im Licht« reisten Tausende nach Kiel, um sich dort die ebenso malerische wie üppige Beleuchtung markanter Bauten anzuschauen. Dazu zählten das Rathaus, Stadttheater, der Schornstein in der Wik und der Kirchturm in Gaarden. Bald grün, bald rot leuchtete eine Fontäne auf dem Kleinen Kiel, und in fast allen Privat- und Geschäftshäusern waren geschmackvolle Illuminationen zu sehen. Für die Kieler Geschäftswelt lockte ein Schaufensterwettbewerb. Allabendlich gab es auf öffentlichen Plätzen Promenadenkonzerte, danach von 18.30 bis 21 Uhr große Lichtreklameumzüge durch die Straßen, wobei jeden Abend andere Straßenzüge gewählt wurden. Der letzte Werbetag stand im Zeichen eines Lichtballs in der Tonhalle, wobei namhafte Künstler der städtischen Bühnen und Edith Scholz von der Norag in Hamburg verpflichtet werden konnten.

Die Lichtwoche blieb das letzte große Ereignis der zwanziger Jahre; denn die 1929 hereinbrechende Weltwirtschaftskrise ließ der Stadt für Großveranstaltungen keinen finanziellen Spielraum mehr. Hinzu kamen die leeren Auftragsbücher, die dazu führten, daß fünfzig Prozent der Werftbelegschaft auf die Straße gesetzt werden mußten. Ein vierteljähriger Streik im Herbst 1928, erstarkende Auslandskonkurrenz und schleppende Auftragseingänge führten zum Millionendefizit. Alle – nicht nur die Werftarbeiter – waren betroffen: Bauarbeiter, Angestellte, Beamte, deren Gehälter Reichskanzler Brüning mit seinem Rotstift zusammenstrich.

Die Heiligengeistkirche (1939) mit Barlachs 1928 geschaffenem »Geistkämpfer«. Die Nationalsozialisten entfernten das als »entartet« verschrieene Monument 1937. Einem Kunstfreund gelang es, die Skulptur zu bergen, zu vergraben. Seit 1954 steht der »Geistkämpfer« am Nordwestpfeiler der Nikolaikirche. Die Heiligengeistkirche wurde im Dezember 1943 vernichtet

Der Schloßgarten während der Kieler Woche 1932

Der Stadt wuchsen die Schulden meterweit über den Kopf; Sozialleistungen sanken. 1932/33 standen 29265 Kieler nicht mehr in Lohn und Brot. Besser gestellte Kieler Bürger spendeten für die Bedürftigen insgesamt 166447 RM und gaben ihren Kindern täglich einen größeren Packen Butterbrote mit zur Schule. Sie wurden dann unter den vielen hungrigen Jungen und Mädchen verteilt, die ohne irgendein Frühstück in die Schule mußten.
Jugendliche, die ihren Schulabschluß in der Tasche trugen, mußten nach der Schulzeit ungewollt in die Ferien gehen. Arbeits- und Wohlfahrtsamt sahen sich nicht in der Lage, allen zu einer Arbeitsstelle zu verhelfen. Eine Organisation nahm sich daraufhin der jungen Arbeitslosen an und bot ihnen innerhalb ihres Verwaltungsapparates eine breite Palette von Beschäftigungsmöglichkeiten an: Es war die NSDAP.

Kiels Holstenstraße um 1930, als sie noch eine wichtige Verkehrsader war

Zur Reichspräsidentenwahl fuhr die NSDAP in Kiel harte Geschütze auf: Gauleiter Lohse, Georg Strasser und Prinz August von Preußen, last, not least Hitler vor sechzigtausend Leuten auf dem Prof.-Peters-Platz. Tägliche Zusammenstöße rivalisierender Gruppen von »links« und »rechts« blieben nicht aus. Ein zweiter Wahlgang, der am 10. April stattfinden sollte, war erforderlich geworden. Die NS-Kreisleitung befahl für die Dauer des gesamten Präsidentenwahlkampfes den Parteigenossen, ihre Häuser zu beflaggen. Wer keine eigene Fahne hatte oder sich die Ausgabe nicht sofort leisten konnte, bekam Ratenzahlungen eingeräumt. Das Wahlergebnis erwies sich als Kopf-an-Kopf-Rennen. Ein Blick auf das Kieler Stimmenergebnis: Hindenburg 46,2 Prozent, Hitler 46 Prozent, Thälmann 7,8 Prozent.

Zwei Kanzler sollte das Reich 1932 noch sehen: Franz von Papen und General von Schleicher. Am 31. Januar 1933 las der Kieler die KZ-Überschrift: »Hitler packt zu – Kabinett bereits vereidigt und zusammengetreten – ran an den Staat«. Viele Tausende, die sich durch die Parteipropaganda hatten hinreißen lassen, zogen an diesem und am folgenden Tag in Siegesumzügen durch das mit Hakenkreuzfahnen geschmückte Kiel. Arbeitslosigkeit, Hunger – für viele schien die NSDAP als ein möglicher Weg aus der Not.

Parallel zu Fackelzügen, Aufmärschen, Besuchen von Ministern und Parteigrößen führte die Partei ihren unerbittlichen Kampf gegen Andersdenkende fort. Passierte irgendwo etwas, ein Diebstahl, ein Überfall: schnell benannte die NSDAP den Sündenbock: Kommunisten oder Sozialdemokraten. Beide Parteien mußten sich nach der Machtübernahme Hunderte von Haussuchungen, Beschlagnahmungen, Sichtungen von Materialien, am 16. Februar 1933 ein Verbot der Volkszeitung und am 18. März die Besetzung des Gewerkschaftshauses gefallen lassen. Verhaftungen standen auf der Tagesordnung.

Knapp eine Woche nach der Reichstagswahl am 6. März 1933, die zugunsten der NSDAP ausging, besetzten SA- und SS-Formationen das Rathaus am 11. März. NSDAP-Kreisleiter Behrens ernannte sich zum Oberbürgermeister, während der bisherige Oberbürgermeister Dr. Luecken beurlaubt wurde. Mit Hilfe eines rückwirkenden Ernennungsschreibens schickte Behrens sämtliche Stadträte nach Hause und besetzte ihre Stellen mit Nationalsozialisten. Am anderen Tag sollte Stadtverordnetenwahl sein. Noch in derselben Nacht fand die NSDAP eines ihrer ersten Opfer: Rechtsanwalt Spiegel, der für die SPD kandidierte, lange Jahre Stadtvertreter und zeitweise auch Stadtverordnetenvorsteher gewesen war, wurde in seinem Haus Forstweg 42 nachts um 1.30 Uhr herausgeklingelt. Beim Öffnen wurde er von zwei Männern erschossen, die man nie hat fassen können. Die Partei versuchte, die Tat wenig später als »kommunistische Provokation« auszulegen.

Beginn des Wahlkampfes zur Reichspräsidentenwahl, in dem sich Hindenburg gegen seine Kontrahenten Thälmann (KPD) und Hitler (NSDAP) im zweiten Wahlgang durchsetzte

Erstes prominentes Kieler Opfer der Nationalsozialisten: Rechtsanwalt Spiegel. In der Nacht vor der Kommunalwahl im März 1933 wurde das engagierte SPD-Mitglied erschossen

Die NSDAP gewann die Kommunalwahl, während die Mandate anderer Parteien sofort oder nach der Gleichschaltung ungültig wurden. Bei späteren Wahlen und Volksbefragungen machte schon das Nichtwählen »verdächtig«.
Ludwig Preller vertraute 1974 dem Buch »Andreas Gayk und seine Zeit« seine Erinnerungen an: »Ich frage mich heute, inwieweit sich Jüngere, die vielleicht damals, 1934, gerade geboren waren, mithin jetzt immerhin dreißig bis vierzig Jahre alt sind, hineinzufühlen vermögen in die Unsicherheit von Menschen, die anderer als der offiziellen NS-Gesinnung, zudem arbeitslos und ohne Verbindung zueinander und zu der Presse des In- und Auslandes waren, die sich ungeheuer isoliert fühlten und infolgedessen voller Mißtrauen und auch voller (berechtigter) Ängste waren. Der Nachbar konnte ein NS-Spitzel sein, der Freund am Stammtisch, der, dem man gestern noch vertraut hatte, konnte unterdessen erpreßt sein . . .«

Der sich als eine Art »Ersatzreligion« verstehende Nationalsozialismus startete sofort nach der Machtübernahme Boykottaktionen gegen das Judentum. Ihre Eskalation fand den traurigen Höhepunkt in der Reichskristallnacht 1938, in der auch in Kiel jüdische Geschäfte Plünderungen und Brandschatzungen sahen. Die Flamme der brennenden Synagoge Ecke Humboldtstraße/Goethestraße stand über der Stadt – als Symbol, das den Kahlschlag versinnbildlichte, der einer ganzen Rasse versetzt werden sollte.
Der neue »deutsche Geist« forderte Repräsentation: Uniformen, Fahnen, Standarten und Rangabzeichen. Geballt boten sich den Fördebewohnern Großkundgebungen verschiedener Art: Saarkundgebung 1935, Kundgebung gegen die Tschechei 1938, die jährlichen Nordmarktreffen und viele andere. Überall stand die Stadt kopf, wenn Tausende Gäste kamen, um die »braunen Kolonnen« stundenlang in Reih und Glied marschieren zu sehen.

Oberbürgermeister Luecken regierte Kiel seit 1920, wurde 1932 wiedergewählt, 1933 durch die Nationalsozialisten entlassen. An seine Stelle trat der NSDAP-Kreisleiter Behrens

Mit dem 1931 auch in Kiel gegründeten Winterhilfswerk versuchte die NSDAP, durch Unterstützung von Parteimitgliedern ein Zusammengehörigkeitsgefühl zu wecken und zu festigen

Man feierte die Feste nicht, wie sie fielen, man schuf sie einfach. Dem Nordmarktreffen im Mai schloß sich wenig später die Marine-Volkswoche an, die nach Wunsch des Oberbefehlshabers der Kriegsmarine, Admiral Dr. h.c. Raeder, ein großangelegtes Bild von den Aufgaben und dem Stand der Marine widerspiegeln sollte. Ein Blick auf den Veranstaltungskalender wies Flaggenparaden, Platzkonzerte, Feuerwerk, Schiffsbesichtigungen, Vorführungen des Borddienstes und Kaffeetrinken auf Schiffen aus. Jeden Abend setzte ein Zapfenstreich auf jeweils einem anderen Flottenflaggschiff den Schlußpunkt.

Unverkennbar: Die kühlen Kieler erwärmten sich wieder an »ihrer« Kriegsmarine und pilgerten in überwältigend großen Massen hinunter zur Wasserkante. Tagtäglich rollte das gesamte Geschehen wie ein lebendiger Film vom Wecken bis zum Zapfenstreich ab. Dabei wurde nicht nur der Gefechtsdienst an Bord vorgeführt, sondern auch das simple Putzen und Scheuern. Besonderes Staunen galt den Matrosen, wenn sie bei leicht schlingerndem Schiff in der Takelage herumkraxelten. Immerhin, beim Manövrieren in einer beachtlichen Höhe konnte man nur schwindelfreie (nicht auf Seemannsgarn zu beziehen!) Matrosen in die Masten schicken.

Echtes Seemannsleben »servierten« die Bordleute den Zuschauern beim »Backen und Banken«. Unter Back versteht der Seemann einen Tisch, der normalerweise mit den Bänken zusammen unter Deck in Bügeln aufgehängt ist. Backen und Banken bedeutet – nach wie vor – so viel wie das Kommando, alle Tische und Bänke als erste Vorbereitung für das Mittagessen herunterzuschlagen. Danach stürzten die Backschafter (Essenholer) zum Smutje in die Küche, der peinlich genau Obacht gab, daß auch jede Back nur das ihr Zustehende »schlagweise« aus großen Kesseln zugeteilt bekam.

Pompös, meist mit Riesenfeuerwerken und dutzendweiser Prominenz, endete die Marine-Volkswoche. Nächstes Fest: die sich anschließende Kieler Woche.

Das Reichsschulschiff »Niobe« sank am 26. Juli 1932 im Fehmarnbelt unter der Wucht einer plötzlichen Gewitterbö. Das mit voller Leinwand fahrende Schiff kenterte und ging in wenigen Minuten unter. Noch zehn Minuten vor dem Unglück grüßte die Besatzung die in der Luft – auf dem Weg nach Kiel – befindliche Do X. Ein Jahr später, am 3. Mai 1933, lief auf der Hamburger Werft Blohm und Voß der Ersatzbau für die »Niobe« vom Stapel. Sein Name: Gorch Fock, der Künstlername des Dichters Johann Kinau

Die Schulschiffe Albert Leo Schlageter, Horst Wessel und Gorch Fock an der Blücherbrücke. Rechts der 1913 gebaute, 1959 abgetragene Signalturm. Aufnahme von 1938 ▷

Marine-Volkswoche 1935 ▷

Der berühmte Flieger Udet (links) anläßlich einer Kieler Großflugwoche am 9. Juni 1929. Ziel der Veranstalter (Kieler Flughafen GmbH) war es, den rund dreißigtausend Zuschauern zu demonstrieren, daß das Flugzeug sich als Verkehrsmittel eignete, das allerdings noch nicht gut ausgenutzt worden war. Udet sorgte gemeinsam mit Kieler Flugkünstlern mit Loopings und Reihensaltomortalen für Spannung

Einweihung des Marine-Ehrenmals in Laboe am 31. Mai 1936

Sie hatte Mühe, in der Weimarer Republik erneut zu erstarken, als Volksfest für alle, nicht nur für Privilegierte. 1934 sorgte ein ungeheurer Aufwand für rege Beteiligung. Das Programmheft umfaßte allein neunzig Seiten! Neben Gästen aus Partei und Reichshauptstadt war auch das Ausland zahlreich vertreten. Insgesamt fünfhundertvierzig Jachten forderten einander im sportlichen Wettbewerb – mehr als je zuvor! 1936 war für Kiel ein Rekordjahr der Festlichkeiten. Nordmarktreffen und Marine-Volkswoche wie gewohnt. Nach einer imposanten Skagerrak-Feier am 31. Mai, wobei der »Führer und Reichskanzler« von dem Aviso »Grille« aus eine Flottenparade abnahm, ging es nach Laboe zu dem vom Architekten Munzer geschaffenen Marine-Ehrenmal.

Seit dem 31. Mai 1935 ehrte die Stadt ihre im ersten Weltkrieg Gefallenen im alten Marienhaintempel im Düsternbrooker Gehölz. Das schlichte Innere war von drei Seiten durch Eisengittertüren zu betrachten und konnte nur ausnahmsweise – etwa zu Kranzniederlegungen – betreten werden. In der Mitte stand ein schwarzer Granitblock, auf dem aus einem goldenen Eichenkranz eine ewige Flamme loderte. Nach dem zweiten Weltkrieg blieb nur der plattenbelegte Vorplatz mit der Umfassungsmauer stehen

Der Volksempfänger kündete zahlreiche Prominenz an: Hitler, Propagandaminister Goebbels, Reichswehrminister von Blomberg, Führer-Stellvertreter Heß, Admiral Albrecht, Admiral Raeder, Finanzminister Graf Schwerin-Krosigk. Fünfzigtausend frühere Marineangehörige – aus dem gesamten Reich gekommen – standen im und am Ehrenhof des neuen Monuments. Ein Bild wie aus einem Guß: Auf dem Hafen schwamm ein Großteil der seit 1933 wieder im Aufbau befindlichen Kriegsschiffsflotte mit unzähligen Flaggen und Wimpeln geschmückt, und das Ostseebad Laboe ertrank schier in einem Fahnenmeer. Hohe Ehrengäste, Offiziere der alten und der neuen Wehrmacht, des Marinebundes, Männer von Rang und Namen des Staates und der »Bewegung« sowie deren Formationen standen zur Weihestunde bereit. Schuberts »Sanctus« erfüllte die feierliche Stille.

Das Ehrenmal zeigt sich noch heute als Kombination von Gedenkstätte und Museum. Die historische Halle gibt einen Überblick über die Entwicklung der deutschen Schiffahrt, die Wände der Ehrenhalle zeigen jedes untergegangene deutsche Kriegsschiff im Schattenriß, Modelle rufen noch einmal den Ablauf einiger Schlachten ins Gedächtnis, und Flaggen, Orden und Wimpel erinnern an Schiffe oder einzelne Persönlichkeiten.

Laboe gehört heute noch nicht zu Kiel, sondern zum Nachbarkreis Plön. Das störte die Kieler jedoch nie. Für sie war das aus rund zweihundertfünfzigtausend Klinkern gemauerte Marine-Ehrenmal seit dem Einweihungstag »ihr« Wahrzeichen, obgleich viele von Anfang an die Form des Bauwerks ablehnten und es sogar als simplen Schornstein verschrien.

Zwei Monate später lernte die Welt Kiel anläßlich der XI. Olympischen Spiele als Mekka der Segler kennen. Im Gegensatz zur Olympiade 1972 bescheiden. Große Umbauten eigens für die neun Tage dauernden Spiele gab es nicht, sondern lediglich einen dichten Flaggenwald. Das Hindenburgufer wurde zwar ausgebaut, und der Seegarten verwandelte sich in einen steinernen Paradeplatz, nachdem man die Gaststätte »Seegarten« abgebrochen hatte. Großes olympisches Leben spürten die Kieler sonst nicht weiter. Zunächst blieb man auch lieber zu Hause, denn Petrus schüttete eimerweise Regen auf die Völkerspiele. Wind pfiff obendrein mit Stärke sechs bis sieben. Glücklicherweise fanden die Regatten damals noch auf der Binnenförde statt. Dabei konnte man auch bei weniger gutem Wetter segeln und war nicht weit vom Land, vom Olympiahafen und vom neuen Olympiaheim (heute Haus Weltclub-Gelände) entfernt.

Erst als das olympische Feuer nach Kiel getragen wurde, rafften sich die Bürger auf und strömten ähnlich einer Völkerwanderung zur Bellevuebrücke hinunter. Dort lief der Fakkelträger, bejubelt und beklatscht, zum Brückenkopf und reichte das Feuer der Besatzung eines dort liegenden Kutters der Marine-HJ. Wenig später flammte das olympische Feuer im Mastkorb einer extra vor dem Olympiahafen festgemachten, nachgebildeten Hansekogge auf. Kanonendonner, Jubel, Hissen der Flagge. Als Danaergeschenk erwies sich das Wetter in der Tat. Einmal brachte der Sturm die große Kogge zum Kentern, zum anderen drückte starker Westwind das Hafenwasser aus der Förde und setzte die Boote im Olympiahafen aufs Trockene. Als endlich ein Fetzen Sonne hinter den Wolken hervorbrach, schlief der Wind völlig ein und bescherte den Sportlern eine Flaute, wie sie im Buche stand. Die Segler quittierten das Wetter mit rauhen Seemannsmethoden: Behinderungen, Rammen und danach folgende Proteste bestimmten das Erscheinungsbild mancher Regatten. Die Jury war völlig verwirrt und setzte daher zur Kontrolle auf den schwankenden Wendebojen Seeoffiziere zur Beobachtung ein. Wenige Tage später disqualifizierte man die Schweizer bei einem Rennen, weil ein Besatzungsmitglied sich nicht, wie erforderlich, als hundertprozentiger Amateur entpuppte. Die Gäste aus der Alpenrepublik entschuldigten sich damit, die Bestimmungen nicht genau gelesen zu haben. Theater gab es deswegen nicht weiter. Abends amüsierte sich schon wieder alles auf der Krusenkoppel beim »Fest der Nationen«.

◁ *Bis zur Verlegung an die Schwentine (1948) gehörte der Fischmarkt im Speicherviertel zum Bild Kiels*

Neben Handels- und Marineschiffahrt fand der Hafen, wie hier beim Anrudern 1931, als Sportrevier seit 1882 Interesse

◁ *Durch den »Seedienst Ostpreußen« vermied man das mit Formalitäten verbundene Durchqueren des »Korridors«. Er kam seit Mai 1936 wöchentlich nach Kiel, um Fahrgäste zu holen bzw. zu bringen. Das Bild zeigt die »Tannenberg«*

Olympiade 1936: Boote werden zum Start geschleppt

LANDESBANK

Der zur Olympiade 1936 neu angelegte Olympiahafen am Hindenburgufer

◁ *Bis zum Ende des zweiten Weltkrieges sorgten die Personen- und Fuhrwerkfähren »Primus« und »Tertius« in etwa fünfminütigen Abständen für eine Verbindung zwischen Ost- und Westufer (hier 1939)*

◁ *Bootshafen und Wall um 1939; im sechsten Haus von links befand sich die beliebte Gaststätte »Wallhalle«, deren Spezialität vor allen Dingen gut geschenkte Biere waren*

◁ *Der Seegarten um 1930 mit Fischhalle und der 1936 abgebrochenen Gaststätte »Seegarten«. An den Brücken liegen NDC-Dampfer, davor schwimmt das Polizeiboot »Greif«*

In Marine und Schiffahrt nahm Kiel eine bedeutende Monopolstellung ein. Einer der letzten Glanzpunkte vor dem Krieg sollte der Stapellauf der »Prinz Eugen« am 22. August 1938 sein. Neben Prominenz aus Regierung und Partei (Hitler, von Ribbentrop, Goebbels) kam auch der ungarische Reichsverweser Horthy mit seiner Gemahlin. Rund um das Schiff hatten Ehrenabordnungen der Marine Aufstellung genommen; der Reichsstatthalter von Österreich, Dr. Arthur Seyß-Inquart, hielt die Taufrede, nach der Frau von Horthy dem geschmückten schweren Kreuzer seinen Namen gab

Ebenso schlicht wie die gesamten Segelwettkämpfe nahm auch die Schlußfeier in Bellevue unter drei aufgestellten hohen Holzsäulen, die die olympischen Ringe trugen, ihren Abschluß. Die Siegermannschaften nahmen auf einem Podest schlichte Eichenkränze von blonden, blauäugigen BDM-Mädels entgegen. Medaillen gab es erst in Berlin.
Eine Leuchtkugel kündete den offiziellen Schluß an: Flaggen wurden eingeholt, auf den Kriegsschiffen brennende Fackeln erloschen, und das olympische Feuer auf der Kogge sank zusammen. Oberstleutnant a.D. Kewisch, Führer des Deutschen Seglerverbandes, nahm das olympische Banner in seine Obhut. 1940 wollte er es den Japanern übergeben. Er ist niemals dazu gekommen; denn der Krieg machte olympische Spiele für lange unmöglich.
Der Reichskriegshafenstadt Kiel war wenige Jahre später der fast völlige Untergang beschert. Dennoch, Kiel, durch über neunzig Bombenteppiche im letzten Weltkrieg verwüstet, wurde kein Karthago.

Schloßbrand am Abend des 23. August 1938. Hundert Jahre nach einem ähnlich folgenschweren Brand (15./16. März 1838). Als Grund nahm man Schweißarbeiten an, die vier bis fünf Stunden vor Unglücksausbruch unter dem Dachstuhl ausgeführt wurden. Die gefährdeten Bestände von Landesbibliothek und Landeshalle konnten in Sicherheit gebracht werden; trotzdem erlitt der Bücherfundus erhebliche Schäden und Verluste durch Löschwasser

Theodor Heuss lobte 1955 die nach modernen Gesichtspunkten wiedererstehende Stadt bei einem Gang durch die neue Holstenstraße: »Als ich 1950 hier war, hörten wir noch von Zeit zu Zeit mit Erschrecken das Detonieren der Sprengungen drüben am Ostufer. Das ist fast vergessen, und vielleicht ist es gut so. Wir haben gemerkt, was in dieser Stadt nun gewachsen ist und weiter wachsen will. Ich bin sogar in der Stadt spazierengegangen und habe etwas sehr Reizvolles entdeckt, was es hier im nordischen Lande selten gibt, eine so nette Sache wie die Ladenstraße, in der kein Auto fährt und die Mütter mit den Kinderwagen zum Einkaufen fahren können, fast südlich in der bewegten freien Anmut.«

Kiel um 1935 aus der Vogelperspektive. Zehn Jahre später stand die Stadt vor der Existenzfrage, überhaupt wieder aufgebaut zu werden. Der Luftkrieg hatte die Altstadt ausradiert, die Innenstadt in einen riesigen Trümmerhaufen verwandelt und zusammenhängende Stadtteile zerrissen. Die Bilanz des Krieges: 43 559 Sprengbomben, 1000 Flammenstrahlbomben, 30055 Flüssigkeitsbomben, 456357 Stabbrandbomben, 21557 Phosphorbrandbomben und 931 schwere Minen machten die Stadt zu einer einzigen Ruine. 2263 Menschen fanden den Tod, 5161 wurden verletzt, rund 167000 Menschen obdachlos. Das Inferno des letzten Weltkrieges verschlang nahezu alles, was an ein Kiel, »so wie es war«, erinnerte ▷

1938: Noch liegen Kutter und Kriegsschiffe friedlich nebeneinander ▷

HF299

Literaturverzeichnis

Deutsche Bundesbahn: 75 Jahre Hauptbahnhof – Uwe Greve: Kieler Jahrbuch 1972 – Gesellschaft für Kieler Stadtgeschichte: Bd. 45 (Jahrg. 1948–1952), Heft 1965/4, Heft 1958/1, 2 – Friedrich Hoffmann: Eine Brücke über den Kieler Hafen – Friedrich Hoffmann: Alt-Kiel im Umbruch, 1961 – Jürgen Jensen: Andreas Gayk und seine Zeit – Kieler Umschau 1955 – Kieler Zeitung: Jahrgänge 1899, 1900, 1901, 1902, 1903, 1904, 1905, 1906, 1907, 1908, 1911, 1912, 1914, 1915, 1916, 1918, 1920, September–Oktober 1921, Mai–Dezember 1923, 1927, September–Oktober 1928, 1929, 1930, 1931, 1932, Januar–April 1933, 1934 – Kieler Nachrichten: Juni–September 1972 – Erich Köhrer: Schleswig-Holstein, 1923 – Hermann Müller: Die November-Revolution – Heinrich Möller Söhne GmbH, Rendsburg: 75 Jahre Kaiser-Wilhelm-Kanal – Merian: Kiel – Nordische Rundschau: Jahrgänge 1936, 1938 – Ernst Oberfohren: Bericht über die Lebensmittelversorgung der Stadt Kiel in den 3 ersten Kriegsjahren, 1918 – Annelene Steffens: Die Entwicklung der Kieler NSDAP im Spiegel der Tagespresse 1929–1933 – Hedwig Sievert: Kiel – einst und jetzt, Bd. 1 und 2 – Hedwig Sievert: 75 Jahre Kieler Woche – Hedwig Sievert: Kieler Ereignisse in Wort und Bild – Stadt Kiel: Bürger bauen eine neue Stadt – Stadt Kiel: Kiel im Licht, 1928 – Schleswig-Holstein-Sonderheft 1955 – Verlag C. Schaidt: Verordnungssammlung für das Gebiet des erweiterten Befehlsbereiches des Reichskriegshafens Kiel (amtliche Ausgabe, 1918) – Stern (Heft 12/1970): Vor 50 Jahren Meuterei der Admirale – Jörg Talanow: Kiel – Modernes, historisch gesehen – Verkehrsverein e.V.: Was erwartet uns in Kiel? (Ausgaben 1939, 1940).

Bildquellennachweis

Nachstehend genannte Behörden und Privatpersonen stellten freundlicherweise Fotomaterial zur Verfügung:
Archiv für Kunst und Geschichte, Berlin – Ute Boeters – Humboldt-Schule, Kiel – Kieler Nachrichten – Landesamt für Denkmalpflege – Nordmark-Film – Raritäten-Stübchen E. W. Müller, Kiel, Andreas-Gayk-Straße – Stadtarchiv Kiel – Karl-Heinz Tiedemann, Kiel – Ferdinand Urbahns, Eutin – Paula Voerde, Kiel – Wasser- und Schiffahrtsamt, Kiel.